商务馆对外汉语专业本科系列教材

总主编　赵金铭　齐沪扬　范开泰　马箭飞

审　订　世界汉语教学学会

语言测试概论

张　凯　主编

图书在版编目(CIP)数据

语言测试概论/张凯主编. —北京:商务印书馆,
2013(2022.5 重印)
(商务馆对外汉语专业本科系列教材)
ISBN 978-7-100-09850-2

Ⅰ.①语… Ⅱ.①张… Ⅲ.①汉语—测试—对外汉语教学—教学参考资料 Ⅳ.①H195

中国版本图书馆 CIP 数据核字(2013)第 047326 号

权利保留,侵权必究。

YŬYÁN CÈSHÌ GÀILÙN
语言测试概论
张凯 主编

商 务 印 书 馆 出 版
(北京王府井大街 36 号　邮政编码 100710)
商 务 印 书 馆 发 行
北京虎彩文化传播有限公司印刷
ISBN 978-7-100-09850-2

2013 年 8 月第 1 版　　　　开本 710×1000　1/16
2022 年 5 月北京第 2 次印刷　印张 13¾
定价:82.00 元

内容简介

本教材吸收了语言测试领域的许多新成果,从语言测试的分类、语言测试的编制和开发、语言测试的试题类型及特点、语言测试的信度和效度等方面系统介绍了语言测试的基本理论问题和比较成熟的技术问题,对语言测试的实现过程进行了全面的阐释,并对国内外一些规模和影响都较大的语言测试进行了介绍。全书将理论与实践相结合,通过大量实例对语言测试的相关理论和实际操作做了深入浅出的阐释,具有很强的针对性和可读性。通过此书,读者可以对语言测试的基本理论和方法有比较系统的了解。

本书是对外汉语专业本科学生使用的教材,同时也可供大专院校应用语言学专业的师生和其他汉语作为第二语言/外语教学工作者、研究者参考。

主　编 张　凯
编　者（按音序排列）
　　陈　宏　　龚君冉　　郭树军　　韩　阳
　　黄霆玮　　李　慧　　张　凯　　赵琪凤

前　　言

对外汉语教学专业的设立已经有二十多年的历史了。早在 1983 年经教育部批准北京语言学院在外语系内就设置了对外汉语教学专业，以培养对外汉语教师为主要目标。不久，北京外国语大学、上海外国语学院和华东师范大学也相继开设了类似的专业。

此后几年，该专业一直踽踽独行，没有名目。直至 1988 年，教育部颁布《普通高等学校本科专业目录》和《普通高等学校本科专业设置规定》，在一级学科中国语言文学类（学科代码 0501）下，设"对外汉语"（学科代码 050103）二级学科，这一专业才正式确立。

当初，设置这一专业，是为招收第一语言为汉语的中国学生，培养目标是将来能从事对外汉语教学及中外文化交流等工作。故该专业特点是，根据对外汉语教学对教师知识结构和能力的要求设计课程和确定教学内容。在 1989 年"对外汉语教学专业会议"（苏州）上，进一步明确了这个培养目标，并规定专业课程应分为三类：外语类、语言类和文学文化类。1997 年召开"深化对外汉语专业建设座谈会"，会议认为，根据社会需要，培养目标可以适当拓宽，要培养一种复合型、外向型的人才，既要求具有汉语和外语的知识，又要求有中国文化的底蕴；既要求懂得外事政策和外交礼仪，又要求懂得教育规律和教学技巧。这一切只能靠本专业的独特的课程体系、有针对性的教材以及特定的教学方法才能完成。

近年来，世界风云变幻，中国和平崛起。随着汉语加快走向世界，对外汉语教学事业获得蓬勃发展。目前开设对外汉语专业的高等学校已有一百三十多所。大发展带来了丰富多彩，也伴随着不规范。对外汉语作为一个专业，既无统一的教学大纲，也无标准的课程设置，更无规范的教材。在业内对对外汉语教学的学科内涵，也还存在着不同的认识。目前，设立本专业的院校只能本着各自的理解，依据本单位的教学资源与教学条件设置课程，自编或选用一些现成的教材。

有鉴于此，在国家汉办的指导下，商务印书馆以其远见卓识，决定组织全国各高校对外汉语教学资深人士，跨校协商，通力合作，在初步制订专业课程大纲的基础上，编写一套对外汉语专业系列教材，以适应目前本专业对教材的迫切需求。

本教材以赵金铭、齐沪扬、范开泰、马箭飞为总主编，教材的编者经多次协商讨论，决定本着下列原则从事编写：

一、总结以往的经验，积成多年来对外汉语教学成果，以课程在教学计划中的地位、性质、任务和作用为依据，规定课程的基本内容，划定教学范围，确立教学要求。

二、密切关注语言学，特别是汉语语言学研究的最新进展，全面吸取汉语作为第二语言/外语教学研究的最新成果，着重体现语言规律、语言教学规律和语言学习规律。

三、教材的教学内容力求贯彻"基础宽厚，重点突出"的原则，注重基本理论、基本知识和基本技能，既要加强基础理论的教学，更要加强实践能力的培养。对课程的实践性教学环节应有明确、具体的要求，并有较强的可操作性。

四、教材要全面显示汉语作为第二语言/外语教学的性质、特点和规律，为加快汉语走向世界，为汉语国际推广，培养外向型、复合型的人才。

五、谨守本科系列教材的属性，注意教材容量与可能的课时量相协调，体现师范性，每一章、节之后，附有思考题或练习题。特别要注意知识的阶段性衔接，为本—硕连读奠定基础，留有空间。

基于上述考虑，我们对对外汉语专业的教学内容作了权衡与取舍。本着培养目标所要求的内涵，教材内容大致围绕着四个方面予以展开，即：基础知识、专业知识、教学技能和教师素质。我们把拟编的对外汉语专业本科系列教

材组成五大板块,共22册。每个板块所辖课程及教材主编如下:

一、语言学、应用语言学和汉语

  1. 现代汉语　　　　　　　　　齐沪扬(上海师范大学)

  2. 古代汉语　　　　　　　　　张　博(北京语言大学)

  3. 语言学概论　　　　　　　　崔希亮(北京语言大学)

  4. 应用语言学导论　　　　　　陈昌来(上海师范大学)

  5. 汉英语言对比概论　　　　　潘文国(华东师范大学)

二、中国文学文化及跨文化交际

  6. 中国现当代文学　　　　　　陈思和(复旦大学)

  7. 中国古代文学　　　　　　　王澧华(上海师范大学)

  8. 中国文化通论　　　　　　　陈光磊(复旦大学)

  9. 世界文化通论　　　　　　　马树德(北京语言大学)

  10. 跨文化交际概论　　　　　　吴为善(上海师范大学)

三、汉语教学理论、第二语言习得理论与实践

  11. 对外汉语教学导论　　　　　周小兵(中山大学)

  12. 第二语言习得研究　　　　　王建勤(北京语言大学)

  13. 对外汉语本体教学概论　　　张旺熹(北京语言大学)

  14. 对外汉语教学课程论　　　　孙德金(北京语言大学)

  15. 双语与双语教育概论　　　　关辛秋(中央民族大学)

  16. 华文教学概论　　　　　　　郭　熙(暨南大学)

  17. 世界汉语教育史　　　　　　张西平(北京外国语大学)

四、对外汉语教材、教学法与测试评估

  18. 对外汉语教学法　　　　　　吴勇毅(华东师范大学)

  19. 对外汉语教材通论　　　　　李　泉(中国人民大学)

  20. 语言测试概论　　　　　　　张　凯(北京语言大学)

  21. 对外汉语教学模式概论　　　马箭飞(国家汉办)

五、现代教育技术在对外汉语教学中的应用

  22. 对外汉语教育技术概论　　　郑艳群(北京语言大学)

本系列教材主要是为对外汉语专业本科生编写,也可供其他对外汉语教学工作者、研究者参考,同时也可以作为大专院校语言文学类专业的课外参考书。

　　目前,汉语国际推广正如火如荼,汉语作为第二语言/外语教学也面临着巨大的机遇与空前的挑战。我们愿顺应时代洪流,为汉语国际推广尽绵薄之力。大规模、跨地区、跨学校地组织人力进行系列教材的编写,尚属首次,限于水平,疏忽和不妥之处在所难免,敬祈专家、读者不吝指正。

赵金铭　齐沪扬
2007年6月5日

目 录

绪论 ··· 1

第一章 语言测试的分类 ··· 6
第一节 按用途分 ··· 6
一 水平测验 ··· 6
二 成绩测验 ··· 7
三 能力倾向测验 ··· 7
四 分班测验 ··· 8
五 诊断测验 ··· 8
第二节 按测验方式分 ··· 9
一 分立式测验和综合式测验 ······································· 9
二 笔试和口试 ··· 10
三 纸笔测验和计算机辅助测验 ··································· 12
第三节 按评分方式分 ··· 13
一 主观测验 ··· 13
二 客观测验 ··· 14
第四节 其他分类 ··· 14
一 常模参照性测验和标准参照性测验 ····························· 14
二 标准化测验和非标准化测验 ··································· 15

第二章 语言测试的编制和开发 ··· 17

第一节 规划和设计 ································ 18
一 确定目标团体 ································ 18
二 确定测验目的 ································ 20
三 确定测验内容 ································ 22
四 确定测验方式、卷面构成和指导语 ················ 23
五 确定评分方式和分数体系 ······················ 26

第二节 操作和实施 ································ 28
一 编写测验说明和题目细则 ······················ 29
二 训练命题员 ································ 32
三 命题和拼卷 ································ 35
四 聘请专家组对测验进行审核 ···················· 36
五 预测和实测 ································ 37

第三节 分析和检验 ································ 38
一 题目分析和修改 ······························ 38
二 信度、效度分析 ······························ 39
三 后效研究 ···································· 39

第三章 试题 ·· 41

第一节 客观性试题 ································ 41
一 多项选择题 ································ 41
二 是非题 ···································· 50
三 配伍题 ···································· 51

第二节 半客观(半主观)性试题 ······················ 55
一 完形填空题 ································ 55
二 成段改错题 ································ 60

第三节 主观性试题 ································ 61

第四章 预测、选题、拼卷 ···························· 63

第一节 预测的要求和方式 ·························· 63

一　被试样本 ······ 63
　　　二　预测的条件 ······ 64
　　　三　预测的方式 ······ 65
　第二节　题目分析 ······ 67
　　　一　难易度 ······ 67
　　　二　区分度 ······ 73
　　　三　选项的分布 ······ 84
　　　四　题目参数的二重性 ······ 86
　第三节　题目的修改 ······ 87
　第四节　选题、组卷、施测 ······ 90
　　　一　选题标准 ······ 90
　　　二　组卷和施测 ······ 93

第五章　分数和信度 ······ 95
　第一节　分数 ······ 95
　　　一　原始分数 ······ 95
　　　二　百分等级 ······ 96
　　　三　Z分数 ······ 97
　　　四　导出分数 ······ 98
　　　五　正态化Z分数及导出分数 ······ 101
　第二节　信度 ······ 103
　　　一　信度的基本概念 ······ 103
　　　二　测验信度的估计 ······ 105
　　　三　影响测验信度的一些因素 ······ 109

第六章　效度 ······ 111
　第一节　效度的基本概念 ······ 111
　　　一　测量的有效性 ······ 111
　　　二　理论的有效性 ······ 112

三　应用的有效性 ··· 113
　第二节　内容效度 ··· 115
　　　一　内容效度检验的基本特征 ····································· 116
　　　二　内容效度检验的一般程序及定量方法 ························· 117
　　　三　内容效度本身的局限 ··· 118
　第三节　效标关联效度 ·· 119
　　　一　调查效标关联效度的步骤 ····································· 120
　　　二　共时效度和预测效度 ··· 121
　　　三　效标关联效度的计算 ··· 123
　　　四　效标关联效度的局限 ··· 124
　第四节　构想效度 ··· 125
　　　一　什么是构想 ··· 126
　　　二　检验构想效度的经验性方法 ··································· 130

第七章　项目反应理论和概化理论 ·· 139
　第一节　项目反应理论 ·· 139
　　　一　项目反应理论的出现 ··· 139
　　　二　项目反应理论的基本原理 ····································· 141
　第二节　概化理论 ··· 155
　　　一　概化理论的出现 ·· 155
　　　二　几个基本概念 ·· 156
　　　三　概化理论的基本方法 ··· 160

第八章　国内外几种语言测试 ·· 163
　第一节　托福 ·· 163
　　　一　托福考试的性质和用途 ······································· 163
　　　二　试卷结构和题型设计 ··· 163
　　　三　分数体系 ··· 168
　第二节　托业 ·· 169

  一 托业考试的性质和用途 ································ 169
  二 试卷结构和题型设计 ································ 170
  三 分数体系 ·· 173

 第三节 雅思 ·· 174
  一 雅思考试的性质和用途 ································ 174
  二 试卷结构和题型设计 ································ 175
  三 分数体系 ·· 177

 第四节 汉语水平考试 ·· 177
  一 汉语水平考试的性质和用途 ························· 177
  二 试卷结构和题型设计 ································ 178
  三 分数体系 ·· 184
  四 考试规模 ·· 187
  五 发展趋势 ·· 188

 第五节 实用汉语水平认定考试 ································ 188
  一 实用汉语水平认定考试的性质和用途 ················· 188
  二 试卷结构和题型设计 ································ 190
  三 分数体系 ·· 195
  四 考试规模 ·· 196

参考文献 ·· 198

后记 ·· 202

绪　　论

1961 年，Robert Lado 写了一本书，叫作 *Language Testing: the Construction and Use of Foreign Language Tests*，这是全面讨论语言测试问题的第一本专著。从此，语言测试成了应用语言学里的一个专门的研究领域。

虽然 Lado 的书出版于 20 世纪 60 年代，但语言测试方面的实践，在 20 世纪初就已经出现了。20 世纪 60 年代以前的语言测试，除了在技术上有一些革新外，如使用多项选择题，在理论上并无建树。

20 世纪 60 年代，除了 Lado 的那本书外，语言测试的历史上还出了一件事，那就是 TOEFL 的出现。当时，从世界各地到美国求学的国际学生急剧增加，美国的高校行政部门感到，需要一个能够测出外国学生英语水平的测试。为了满足这种需要，应用语言学中心组织了一次研讨，会议最后决定，开发一个新型的语言测试，这就是后来的 TOEFL(Testing of English as a Foreign Language)。研制和开发 TOEFL 的工作交给了 ETS(Educational Testing Service，美国教育考试服务中心)。

从 20 世纪 60 年代至今，语言测试的实践和理论研究已经走过了半个世纪，然而它也面临着一些困难，这些困难，大致体现在两个方面：一是语言能力问题，一是技术手段的限制。

一　语言能力问题

语言测试是一种测量活动，它所用的工具叫作语言测验。从本质上讲，语言测验是一种测量工具，这和尺子或天平是测量工具一样的。只不过尺子或天平所测的东西，在物理学家看来似乎是明确的，而语言测验所测的东西却大可商榷。

如果我们问：语言测验测的是什么东西？大家也许会不假思索、异口同声地说：语言能力！但如果我们再问：语言能力是什么东西？历史文献告诉我们，对这个回答的回答是其说不一的。

关于语言能力问题，TOEFL 最初的研制者们（如 Carroll、Harris、Palmer 等）似乎并不认为是个多大的问题，Lado 的那本专著，也没有给予充分的讨论。Lado 及 Carroll 等人认为，语言能力，也就是语言测验所测的东西，无非就是语言的各种要素（如语音、词汇、语法）以及听、说、读、写等语言技能。在那个时候，人们甚至没有为"语言能力"找一个专门的术语，只是用 ability 这样的普通名词来指称。然而没过多久，事情开始变得复杂起来了。

20 世纪 70 年代末，Oller 对语言能力进行了一些研究。Oller 大概是受了 Spearman 关于智力研究的启发。20 世纪上半叶，英国心理学家和统计学家 Spearman 提出，人的智力是由两个因素构成的，一个叫作"一般智力因素"，简称"g 因素"（g 是 general），一个叫作"特殊因素"。一般智力因素与人的所有活动都有关，而特殊因素只与少数特殊的活动有关。智力测验，测的就是人的一般智力因素。

Oller 使用 Spearman 发明的因素分析方法，对语言测验（主要是 TOEFL）进行了大量的研究，然而其结论却不那么让人信服。Oller 用因素分析对测试的数据反复计算，结果显示，他所分析的所有的语言测验都只有一个单一的因素。由于语言测验所测到的只有一个单一的因素，Oller 便认为，所谓的"语言能力"是一种不可再分的单一的能力。Oller 根据他的这个观察结果，提出了他的"单一能力假说"（Unitary Competence Hypothesis，UCH）。除了提出这个假说外，Oller 等人还发现，在所有测验中，语言测验和智力测验的相关最高，根据这个现象，他们甚至认为，语言能力和智力就是同一种能力。

Oller 的"单一能力假说"固然和 Spearman 的"一般智力因素"很像，但多数人从直觉上认为这是不可能的。

20 世纪 70 年代，Hymes 提出了交际能力理论，应用语言学界很快就接受了这个理论。1980年,Canale和Swain提出了一个交际能力模型;1983年,Canale又对这个模型做了改进。到了20世纪80年代末、90年代初,Bachman提出了一个更为复杂的交际能力模型。迄今为止,Bachman的模型是最复杂的交际能力模型。这个模型提出后,一些人认为,该模型已经很完备了,今后的工作就是如何用统计手段验证这个模型。

Bachman的模型固然复杂,看起来也很完备,但是,他的整个模型至今仍处于有待验证的状态。不仅Bachman的模型是这样,其他人提出的各种各样的语言能力模型也都没有得到经得起推敲的检验。因此,语言测试面临的第一个困难,就是语言能力问题尚未解决。

二　技术手段的限制

语言能力究竟是什么?语言能力的组成成分究竟是什么?这种问题固然是高深的理论问题,但绝不是只靠纯粹的思辨就能解决的。

语言测试的手段,绝大多数人都很熟悉:测试者采用书面或口头的形式,向被试提出一些问题,这些问题也许是开放性的(如请被试描述一个事件),也许是封闭式的(如多项选择题);被试则根据测试的要求回答这些问题。然后,测试者根据被试答对题数或答题质量给出一个分数。

当然,现代语言测试不会停留在给出一个分数这一步上,它还会使用一些科学上常用的方法对整个测验和分数做进一步的分析(这些分析方法后面会介绍),其分析结果表现为题目的难度、信度、效度等各项指标。通过这些分析,测试者和被试及社会各界都可以知道测验的质量如何。

语言测试最重要的指标就是效度。问一个语言测试是否有效,就是问它是否测到了所谓的语言能力;问一个测试有多高的效度,就是问它在何种程度上测到了所谓的语言能力。

那么,如何把一个测试的效度展示给人看呢?到目前为止,我们所用的手段极为有限——主要是使用一些多元统计方法。先举一个简单的例子。

假定现在有一个测试,我们想证明它是有效的,该怎么办呢?我们的做法是,首先找一个已被公认为有效的测试,然后找一批被试,让他们把两个测试都做了，这样这些被试就有了两个分数，一个是根据我们的测试给出的，另一个是根据那个公认有效的测试给出的。接着，我们计算这两个分数之间的相关。如果两者之间呈现高相关，我们就可以说这个测试是有效的。这个结论的逻辑是：已知那个测试有效地测出了某种能力，如果我们的测试和它有高相关，就说明我们的测试也测到了同样的能力；因为那个测试声称测到的是语言能力，所以我们的测试测到的也是语言能力。

也许有人会问：就算那个测试和你的测试都是有效的，它们都测到了所谓的语言能力，那么语言能力是什么呢？我们再举一个稍微复杂一点儿的例子。

首先，我们对语言能力做一番思考，比如说，我们认为语言能力是由听、说、读、写四种子能力构成的。然后，为了测到这些能力，我们编制听、说、读、写四种测验。测验编好后，找一批被试来做这些测验。最后，再用一些统计方法对测试结果进行分析。如果分析结果显示，听、说、读、写四种测验确实测到了四种不同的能力，我们就有理由认为当初的想法是正确的，语言能力是由这四种能力构成的。如果分析结果显示只有两种或一种能力（Oller 得出的结果），我们关于语言能力的想法就可能是错的。当然，还有另一种可能，那就是我们编制的测试有问题。

到目前为止，语言能力研究所用的办法也就是上面所说的这两种。但这两种方式的缺陷是明显的，它们都没有真正触及语言能力的实质。

语言能力说到底是大脑的一种能力，语言行为（无论是口头的还是书面的）是语言能力的表现。在测试情境下，被试答对或答错题目，都是语言能力的表现。然而，我们现在能够观察和分析的仅仅是这些表现（题目是否答对以及被试得分），并不能观察到所谓的语言能力，也看不到被试的表现（语言行为）和语言能力之间有什么样的关系。

换句话说，我们现在只能看到测量工具（题目）和被试反应之间的关系；题目刺激了他，他对题目做出反应，这些反应表现为被试的分数。至于被试为什么会有这样的反应，是什么因素决定了他的这些反应，我们就说不清楚了。

如果用一个医疗检验的例子来做对比，语言测试的简陋就很容易看出来了。

发烧是常见的症状，如果体温测量显示一个人发烧了，医生说不清楚这个人到底得了什么病,因为能引起发烧症状的病少说也有几十种。看到一个发烧的病人,医生往往要他再做一些检查,如验血。量体温是只触及病人体表(表面)的检查,验血则是深入病人体内的检查。验血得到的结果(指标),基本上就能显示病人发烧的原因了:是感冒病毒引起的发烧,还是结核菌引起的发烧。

和上述医疗检验(测试和检验在英文里是同一个词,test)相比,现在的语言测试只相当于测量人体的表面温度,我们现在还不能深入人脑的内部,还不知道人在进行语言活动时大脑处于什么样的状态或有什么样的变化。我们现在甚至还不知道,有什么样的技术可以让我们进入人脑内部观察人的语言能力的状态。这是一件很遗憾的事。当然,我们也可以希望:语言测试的研究会朝着进入人脑这个方向努力。如果语言测试在技术上有实质性的突破,语言能力这个理论问题也许能在某种程度上得到解决。

由于语言能力这个理论问题尚未解决,也由于技术上的限制,语言测试目前还处在比较落后的状态。本书是一本入门教材,我们只就基本理论问题和比较成熟的技术问题做一些介绍,通过这本书,读者可以对语言测试的基本理论和方法有一个初步的了解。

第一章 语言测试的分类

第一节 按用途分

根据测验的用途,我们将语言测验大致分为水平测验、成绩测验、能力倾向测验、分班测验和诊断测验五种。

一 水平测验

水平测验是使用得比较多的一种测验,具有人们普遍承认的特点,即水平测验测的是人的语言能力。它是教学过程以外的测验,往往用来选拔人才,应该具有较高的区分度,分数分布也要尽可能接近正态,因此水平测验不以任何课程、教材或者教学大纲的内容为基础,没有十分明确的内容范围,例如考生用过什么课本、学了多久、是谁教的、在什么地方学习等等。命题人员只要按照"特定目的",即考生能否用目的语听课、能否做翻译等来确定考生应该掌握哪些知识,具备哪些能力,然后在命题原则和命题大纲的基础上进行命题即可。我们比较熟悉的托福考试(TOEFL)和中国汉语水平考试(HSK)都属于水平测验,而且是大规模标准化测验。HSK 是为了测量母语非汉语者的汉语水平而研制的大规模标准化考试,它配有词汇、语法和汉字等考试大纲,不以任何汉语教程或教学大纲为基础,命题者按照汉语水平考试命题原则和大纲进行命题,所以命题内容没有明确的范围。

二　成绩测验

成绩测验是使用得最多的测验,它是一种回顾型测验,目的在于了解学生过去较长一段时间内的学习情况。典型的成绩测验是学校里常用的期中测验、期末测验等。

成绩测验的基本性质是测量学生在多大程度上掌握了教学目标所要求的内容,它的最大特点就是学什么(或教什么)就测什么。因此,成绩测验的命题通常以教学大纲、教学计划和学生使用的教材为依据,这也是它和水平测验的根本区别。

成绩测验最常见的是由学校、各个教研室或者任课教师自己编写的,也有一些成绩测验是由考试机构统一编制的,例如我国的高等教育自学考试等。测验的命题者应该熟悉课程教学,熟悉现行的教学大纲和教学情况,控制好题目的难度和区分度,使测验不仅能起到检查学生学习成绩的作用,而且能够让大多数考生顺利通过测验。因为成绩测验不是选拔性考试,在正常情况下,能达到大纲和教材基本要求的学生是大多数的,应该能够升级或者毕业。

成绩测验还有鼓励考生的作用,同样也可以帮助教师发现教学中存在的问题。

三　能力倾向测验

要了解能力倾向测验,首先了解一下能力倾向(aptitude)的概念。1963年 Carroll 在《学校学习的模式》(A Model of School Learning)一文中,界定了能力倾向的概念,否定了传统的把能力倾向视为学生学习某学科所能达到的层次,并由此把学生分为"优"或"差"的看法,而将能力倾向视为学生学习速率的指标,并认为所有学生几乎都有潜能掌握某种学科,只是所需时间不同。

能力倾向测验又称学能测验,是教学前的展望型测验,在我国还比较少见。这种测验的目的在于了解考生学习外语的能力倾向,看他是否具有学习外语的才能,因此能力倾向测验并不关注考生是否学过外语,掌握得怎样,而是要了解他的潜在能力,看他能否学好一门语言。

能力倾向测验使用的语言可以是考生即将学习的语言，也可以是考生从来没有学过的语言。例如让学英语的学生听西班牙语的单词，模仿着说，或者让他们分辨某两个词语是否相同，是用升调读还是用降调读。有时测验还以一种貌似语言的人造符号作为内容，让考生通过听或者读从中找出某些规律来。

Carroll (1973)认为能力倾向测验应注重三个方面的能力，即：(1)语音的记忆、识别能力。了解学习者是否能够迅速、准确地分辨音素、重读音节、节奏和语调等等。(2)语感。了解学习者识别句子成分、判断句子中的词语的语法功能的能力。(3)归纳能力。了解学习者根据语境和其他信息猜测词语或句子含义的理解能力。此外，许多研究认为能力倾向测验还应考查学习者的短时记忆能力和口头表达能力。通过测验了解学习者记忆刚学过的语言材料的能力，以及学习者口齿是否清楚，能否很好地模仿语音，口头表达思想、感情。可见，能力倾向测验可以用来预测考生学习语言的能力。

四　分班测验

分班测验又叫安置测验，也是教学前的测验，它是为了把学生按照不同程度分班或分组而举行的测验。和能力倾向测验不同的是，分班测验不是以考生不会的东西为内容，它的对象是已经学过一门语言的人。在教学当中，不论开设什么课程，都要尽量让程度一样或者相近的学生组合在一起，这样老师容易教学，学生学习也不会太吃力，于是分班测验就应运而生了。

分班测验常用于新生分班。例如升入大学的学生已经学过英语，进入大学后，我们希望能够在学生原有的基础上有针对性地进行教学，基础好的学生可以进入高级班，基础差一些的学生可以进中级班。同样，来到中国学习汉语的外国学生在上课之前也要参加分班测验，通过测验我们可以了解他们现有的汉语水平，将学生分配到适当的班里，这样有利于学生学习，也有利于老师组织教学。这就是分班测验最典型的作用。

五　诊断测验

诊断测验是教学中的测验，是一种教师为自己设计的测验，目的是为了了解学生掌握所学知识的情况，借助测验进行检查，及时发现问题，及时改正，以求得最佳效果。

诊断测验不是正式的测验，因此命题、施测都十分自由，可以采用笔试，也可以采用口试。在测验内容上，诊断测验和成绩测验基本相同，都是学生学过的内容。和成绩测验不同的是，诊断测验的目的不是评价学生的成绩，而是暴露学生、教师、教材、教学大纲等方面存在的有待改进的问题。

以上五种测验的基本特征见表1—1。

表1—1 各类测验的特点

测验类型	依据	所测能力	信息类型	规模
水平测验	语言理论	一般语言水平	回顾—展望型	最大
成绩测验	教学内容	不一定	回顾型	可以很大
倾向测验	认知理论	学习潜能	展望型	可以很大
分班测验	教学内容	现有水平	展望型	不大
诊断测验	教学内容	现有水平	回顾—展望型	小

第二节 按测验方式分

按测验方式给测验分类，有几个不同的角度。从测验题目所测的内容角度，可以把测验分成分立式测验和综合式测验；从测验所用的媒介及所适合的能力方面，测验又可以分成笔试和口试两类，笔试适合测书面语，口试更适合测口语；20世纪末以来，由于计算机的快速发展，计算机辅助测验出现了，它和传统的纸笔测验形成了两种不同的测验形式。这几种分类，仅仅是依据形式上的标准，而测验内容却有可能存在重合，如测阅读能力，既可以使用纸笔的形式，也可以使用计算机辅助的形式。

一 分立式测验和综合式测验

测验可以分成分立式测验（discrete-point test）和综合式测验（integrative

test)两种,这种划分方法最早是由 Carroll（1961）提出的。分立式测验用来测验考生对所测语言的某一特定方面的掌握情况,它是把语言分成一个一个要素,如语音、词汇、语法等,一次测一个要素。我们在各种测验中常见的词汇测验部分和语法测验部分等,都属于分立式测验。综合式测验则要求考生把掌握的语言知识综合起来运用,而不只是表现某一种语言要素,作文、完形试题、听写和口试都属于综合性测验。一般来讲,分立式测验容易用客观性试题,而有些综合性测验只能用主观性试题。

从交际理论看,分立式测验不大符合语言习得过程,也脱离真实的语言交际。为了解决这个问题,语言技能的综合性测验是必不可少的。但是 Farhady（1979）指出,分立式测验和综合式测验在统计上并没有显著差异。所以,我们通常希望在可能的范围内将分立式测验和综合式测验结合起来对考生的语言水平进行测量。

二　笔试和口试

（一）笔试

笔试是最常用的测验方法,它的一般形式是事先印好试卷,让被试用书面形式答题,把要求回答的内容写在试卷上,或者用铅笔把答案涂在专用的答题卡上。测验结束后,试卷和答题卡收回,由评分员统一评分。

笔试的效率比较高,特别适合人数多的测验。像大规模测验,一次可能会有几万人、几十万人甚至上百万人参加考试。笔试可以统一命题,统一印刷试卷,在全国范围内广设考点,统一安排考务工作,在统一时间举行考试,比较经济,易于管理。我国的高考和 HSK 都有笔试部分。

笔试的测验时间可以比较长,内容覆盖面比较大。笔试的时间从一两个小时到两三个小时都可以,时间充裕,题量可以比较大,测验内容可以丰富全面一些,考生的表现也比较充分,反映的情况更加贴近总体水平。

笔试的题型比较多,有客观题,如多项选择题、是非题、配伍题,也有主观题,如简答题、作文。在阅卷方面,客观题试卷或者是客观题所占比例大的试卷,采用计算机评分可以评得比较准确,不存在任何主观因素。

在语言测验里,笔试的缺点是只能测听、读、写,不能测口语水平。有时笔试的试题也包含了"说"的内容,但是实际上考查的是语音知识以及与"说"有关的语言知识,这种方法对测验口语水平并不可靠。

(二)口试

口试是专门用来测口语的。外语考试中口语考试的施测,大约在19世纪就已经开始了。口试的方式大致有两种,一种是"直接式"口试(面试),一种是"半直接式"口试(录音)。

"直接式"口试要求考生与主考官面对面地进行测验,一般是一到两位面试官主持测验,考生按照考官的要求回答问题或者做出口头表达,考官根据考生的表现评分。OPI(Oral Proficiency Interview)就是典型的"直接式"口试。

"直接式"口试有如下优点:主考官直接参加交际,可以观察到考生的面部表情和体态语言;如发现考生声音太小或说得太少,可直接干预;主考官与考生面对面进行对话,有交际的真实性;与"半直接式"口试相比,有更高的表面效度。当然,"直接式"口试也存在一定的缺点,如:训练大批主试以及逐个测试考生耗时费力;主试的语言水平与情绪会影响考生口语水平的发挥;效率比较低,很难大规模施测。

由于"直接式"口试的实施存在一定的条件限制,"半直接式"口试成为应用相对广泛的一种形式。这种考试使用录音设备,给出测试指导、讲话提示或别的刺激,考官并不真正出现。"半直接式"口试通常在语言实验室中进行,可对考生进行磁带录音,以便评分时使用。现在这种"半直接式"口试已被很好地开发和应用,包括了 TSE、录音式口语水平测试、牛津 ARELS 测试和录音介质模拟口语水平测试 SOPI (tape-mediated Simulated Oral Proficiency Interview)等在内的多种大规模考试。HSK(高等)口试也属于"半直接式"口试。Stansfield(1990)将 OPI(直接式)与 SOPI(半直接式)的评分结果进行了比较,结果表明 SOPI 和 OPI 同样可信和有效。O'Loughlin(1995)的研究也发现"直接式"和"半直接式"两种形式的测试得分具有很高的相关($r=0.92$)。

相对于"直接式"口试,"半直接式"口试具有更多的优点,如:一个考官可以同时测试大批量的考生,节省人力、物力;考生口语水平的发挥不受考官语言水平和情绪的影响;相同的考题使测试信度得到了保证;评分可由专业人员统一在方便的时间和地方进行;考官评分不受考生衣着和仪表等外部因素的影响。但是,这种口试也有一定的缺点,如:大批考生同时在实验室内参加考试,缺乏交际的真实性;如果发现考生语言资料不足或者磁带不清楚,就难以进行评分。

三 纸笔测验和计算机辅助测验

随着计算机和互联网的迅速发展和普及,传统的纸笔测验的形式也随之发生了变化,出现了计算机辅助测验。计算机辅助测验是在计算机上呈现题目,被试在计算机上答题。与计算机辅助测验相比,传统的纸笔测验是最稳定的,因为它不依赖复杂的程序设计和数学模型,也不需要速度快的计算机。但是也存在一些不足,如考试时间必须统一等等。目前,在计算机辅助测验中常见的有自适应性语言测验和多媒体语言测验。

自适应性语言测验的突出特点是能根据题目的难度调适测验,具体来说就是计算机可以根据被试每道题的回答情况自动提供在难度上高一级、同级或者低一级的题目,这种调适可以使每个被试不必浪费太多的时间做一些对他来说太难或太容易的题目,从而缩短考试时间,同时取得更准确的测验结果。例如我国每年一次的高考,考生人数达几百万,如此大规模的考生群体,测验必须考虑到该群体在程度上的跨度,需要同时兼顾群体中程度最低的人和程度最高的人。在自适应性测验中,计算机呈现的第一个题目是随机的。如果考生答对了第一个题,计算机会给出一个更难的题,如果他又答对了,再给出一个更难的题;如果这个考生答错了,计算机会相应地给出一个稍微简单一点的题目。总之计算机总是根据考生的反应情况来决定下一个题目的难度,如此反复,逐渐地接近考生的真实水平。但是,目前的自适应性语言测验还存在很大的局限性,就是人工智能的开发还不够完善,在智能化和互动化方面还不如人工设计的试卷合理,这些还有待于技术的不断改进。

多媒体语言测验比自适应性语言测验增加了互动化与智能化的应用,运用多媒体技术为测验建立了多维度的情景,有可能为考生提供真实交际的感觉。这样不仅使语言运用生动化,而且保证了语言运用的真实性。但是多媒体语言测验的广泛推广和应用,还需要开发技术与网络设备的成熟和完善,如托福的多媒体网络考试就因为技术和设备问题一度中断,改用纸笔考试。目前在国内对大规模考试运用多媒体语言测验还不现实。

第三节 按评分方式分

主观测验和客观测验是根据评分方式来划分的:在评分过程中需要评分员自己做出判断的,就是主观测验,如问答题、作文等都是典型的主观测验,这类题目的答案是对是错,需要评分员做出判断;相反,评分时不需要评分员做出判断的就是客观测验,典型的客观试题就是多项选择题,这种题目的正确答案都是事先规定好的,答卷可以用机器评阅,完全不受人的主观因素的影响。

一 主观测验

主观测验有其特有的优点,这体现在:第一,考查的深度比客观测验深,被试在主观测验中受到的限制比较小,有更多的空间来表现自己的语言水平。如作文等试题形式能够综合全面地考查被试运用语言的能力,特别是用语言交际的能力。第二,命题通常比较容易,费时少一些。主观测验题量较少,命题人员的命题量不像客观测验那么大。但是制定出操作性强、行之有效的评分标准却也需要费一番功夫。第三,被试凭借猜测得分很难。在客观测验中,如果有多项选择题,被试可以根据猜测答题,每道题至少有 25% 的几率得分;而在主观测验中,被试只能是会多少答多少,没有猜测的机会。

主观测验也存在明显的缺点:第一,评分不容易做到完全一致。如评分标准本身不可能非常详尽,不同评分员对标准的把握存在主观差异,评分员的教学经验、评分倾向也会造成评分的宽严不一;即使同一个评分员,也会因工作态度、疲劳程度的不同影响到评分。第二，评分工作量大，费时费力费钱。主观测验的试卷都需要人工批阅，被试人数越多，工作量就越大，问题就越复杂。

二　客观测验

客观测验的优点体现在：第一，评分客观。试题的答案已经是事先确定的，不存在主观因素造成的宽严不均问题，而且多数情况下都是采用机器阅卷，效率很高。客观测验评分一致也有利于提高测验的评分信度，保证测验的质量。第二，题量较大，测验的内容广泛，针对性较强，被试表现自己语言能力的机会比主观测验多。第三，容易满足统计学上的一些要求，如大样本、等距量表等，这也是客观测验发展速度较快的原因之一。

客观测验也有不可避免的缺点：第一，客观测验容易测出听和读等理解能力，却很难测出说和写等表达能力。第二，在开发客观测验时，客观性试题的命题工作比较困难。如编写多项选择题，命题员要设计问题，编好选项，使正确答案明确无误地成为最佳选择，同时还要使其他干扰项都有同样的迷惑力，这些工作是比较费劲的，命题员需要接受严格的训练和积累比较丰富的经验。第三，客观性试题允许猜测，因此被试的得分中很可能有一部分并不代表他的真实水平。

第四节　其他分类

一　常模参照性测验和标准参照性测验

1963 年，Glaser 写了一篇文章(Glaser,1963)，在这篇文章里，他提出了"标准参照性(criterion-referenced)测验"这个概念，并将其与常模参照性(norm-referenced)测验做了区分，从此，常模参照性测验和标准参照性测验这两个概念就在教育测量和语言测验领域流行起来。

所谓"参照"，是指特定的测验分数和什么东西比较而获得意义。流行的说法是：在常模参照性测验里，被试的分数和常模或别人的分数比较而获得意义，在标准参照性测验里，被试的分数和特定的"标准"比较而获得意义。然而这种说法并不确切且包含了误解。

所谓常模参照性测验是这样一种测验：测验的编制者针对一个特定群体的某个特定属性（如身高、智力、语言能力等），编制一个测验，经过反复的调试，测验的分数在这个群体里最终呈正态分布（或接近正态分布）。当这个群体的分数呈（或接近）正态分布时，我们计算出这组分数的平均数和标准差，这个平均数就是"常模"，而标准差是测量单位。上述过程就是建立常模的过程。在观察特定被试的分数时，我们就根据该分数高于或低于平均数（常模）多少个标准差来解释这个分数的高低。

需要说明的是，到 Glaser 写这篇文章时，所谓的"常模参照性测验"已经很成熟，甚至可以算是传统测验了，但它并没有"常模参照"这样一个名目。Glaser 为了把传统测验和他提出的"标准参照性测验"相区别，于是给前者冠名"常模参照性测验"。

"常模参照/标准参照"的区分，在测量界造成了一些误解和混乱。例如，至今仍有人认为常模参照性测验的作用就是按分数高低给被试排名次，也有人认为中国的高考是典型的常模参照性测验，因为它的用处就是给考生排名次。

关于标准参照及其与常模参照的关系问题，有兴趣的读者可以参考张凯《标准参照测验理论研究》，它提出，标准参照性测验在理论上不能成立，在实践上极难实现。

二 标准化测验和非标准化测验

标准化测验是相对于教师自编的非标准化测验而言的，所谓"标准化"，并不是测验的质量的标志，只是测验的属性或类型。常模参照性测验就是典型的标准化测验。标准化测验有三个特点：第一，标准化测验以一个固定的、标准的内容为基础，它不随测验形式的变化而变化。这个内容可以依据一种语言能力的理论而定，如 TOEFL；也可以根据语言使用者的特定需要而定，如英语测试服务社考试。如果测验有不同版本，则需要细致检验来保证内容对等。第二,标准化测验具有标准的实施和评分程序。每次测验的考务和评分程序都是一样的,不能随意改变。第三,标准化测验的题目都经过试验(预测),在进行了大量的实证性研究之后,全面掌握题目的特性,测验才能正式使用。另外,标准化测验的分数通常是经过等值处理的,根据测验的不同版本得出的分数之间可以进行比较。HSK 就是典型的标准化测验,在组成正式试卷之前,都要对一批题目进行预测,经过预测,每个题目都带上了参数,如题目的难度、区分度等相关信息,这样就可以知道哪些题目是好的题目了,然后我们根据设定的选题标准挑选好的题目,正式组成测验试卷。考生在 HSK 考试中得到的分数也都是经过等值处理的,考生虽然在同一次考试中使用了不同版本的试卷,但是经过等值后,他们之间的成绩是可以进行比较的。非标准化测验的分数之间则不能进行比较。

总之,标准化测验概括起来讲,就是统一命题,统一组织考试,统一阅卷评分。标准化测验和非标准化测验各有其用途,标准化测验往往是大规模的全国甚至是全球通用的考试,非标准化测验则在日常教学中有广泛的应用,这两种考试并无优劣之分。

思考题

1. 按用途和方式,语言测验可以分成哪些种类?
2. 分立式测验和综合式测验各有哪些特点?
3. 主观测验和客观测验各有什么优缺点?
4. 什么是常模参照性测验?
5. 测验的标准化有什么意义?

第二章 语言测试的编制和开发

测验开发是设计、编制及实施一个测验的全过程,包含在测验理论的指导下设计并完成测验的编写、测验的实施及得出测验使用结果三个部分。整个过程会因为人力、物力的投入情况,形成两种风险的极端。一种是低风险的课堂小测验,另一种是高风险的大型的标准化测验。前者是教师每个星期、每个单元考查学生学习情况的小测验,教师只需凭借教学经验就可以编制,测验内容简单,影响也较小。后者是一个专业测验开发团队的集体工作,要求反复地命题和修改,是一个复杂且艰难的过程。要编制一个高风险且具有社会影响力的测验,我们必须慎重,谨慎遵循测验开发的每一个细微的步骤规范,因为测验的结果直接影响到一些重要结论的得出。当然,无论是低风险的测验还是高风险的测验,我们都要保证它的质量及有效性。

此外,任何一个语言测验的编制,开发者都要仔细安排测验的开发过程。首先,也是最重要的一点是,细致、谨慎开发出来的测验能够保证测验目的的实现;其次,精心编制的测验能够解释"测了什么"及"为什么要这样测"的关键问题,进而得到测验的使用者(学生、教师、学校及用人单位)的认可;再次,看似微不足道但却很重要的一点是开发一个有效的测验能够提升开发者的成就感。试想一下,测验开发者尽心去开发、编制一个测验,然后得到了使用者的认可,在验证了测验的有效性的同时,开发者也会感受到自己的劳动被肯定的快乐。相反,如果是马马虎虎编制一个测验,不仅测验的有效性将受到质疑,开发的过程对测验的开发者来说也必然是痛苦乏味的。

通常来讲,语言测验的开发及编制需要以下几个步骤:规划和设计、操作和实施、分析和检验。这只是"理论上"的三个步骤,因为测验的开发并不是一个按部就班的线性过程,而是反复、交叉前进的过程。例如,在操作过程中我们可能会修改规划设计的部分,编写题目也是一个反复修改的过程。

第一节 规划和设计

一 确定目标团体

开发语言测验的目的,其实是给语言学习者提供一种检验语言水平的方式,给用人单位提供选拔人才的依据,给决策者提供制定标准的依据。从某种意义上说,语言测验也是一种服务,和其他的服务是有共通点的。如饮食服务首先要知道自己的顾客是喜欢麻辣口味的四川人,还是喜欢鲜甜口味的上海人。编制语言测验同样也要知道测验的服务对象是怎样的一个团体,也就是说首先要了解测验的目标团体。

(一) 被试的背景

"背景"是指一个人的家庭、教育、经历等的情况。具体到语言测试被试的背景,指的是被试的个体特征、被试的知识结构、被试的语言种类和语言水平、被试对测验的熟悉程度四个方面。

1. 被试的个体特征

个体特征(personal characteristics)包括年龄、性别、国别、母语、受教育程度等社会属性以及参加测验的经历及经验等方面。个体特征虽然不是语言能力的组成部分,但它无疑会影响测验的编制和开发,所以开发者要对被试的个体特征做到心中有数,才能在开发测验过程中做到"量体裁衣",保证测验的有效性。例如,被试的年龄比较小,那么测验的设计要注意形式丰富多样,语料的选取尽量贴近他们的生活与思维,指导语要尽量简单易懂;如果被试来自于同一个国家,使用同一种母语,则考虑使用该国的语言来编写指导语;如果被试没有参加测验的经历,那测验的指导语应该尽量详尽而且容易理解。

2. 被试的知识结构

了解被试的知识结构与测验目的是紧密相连的。知识结构有专业性知识和普及性知识之分。如果被试是专业性质很强的语言学习者,为他们编制测验时,可以聘请该领域的专家协助命题。例如,被试的学习方向是经贸汉语,那么我们就应该聘请商业领域的专家与语言测验的专家共同合作命题,将专业知识融入到语言能力的考查中,这样才能保证题目的有效性。若被试的专业是研究中国文化,那我们就应该多从文化的角度去选取语料和命题。假设被试学习的主要目的是掌握汉语来中国旅游,那我们命题时就应该紧紧围绕旅游中的衣食住行。如果被试来自不同国家,没有太强的专业语言能力的需求,我们就需要广泛收集生活中各个领域的背景知识,提取出最具代表性的、对绝大多数被试来说内容公平的考查素材来编写题目。

了解被试的知识结构是保证测验有效性的前提,在保证测验的信度、真实性、交互性和后效方面也能起到根本的作用。

3. 被试的语言种类和语言水平

语言测验最根本的目的是衡量语言学习者的语言水平。开发语言测验就好比制作一把衡量学习者语言水平的尺子。我们不可能用一把学生尺去量长颈鹿的身高,也不能用一把米尺去量蚂蚁的长度。尺子本身没有问题,问题是它们都没被用对地方,所以测量是无效的。相同的道理,要想保证语言测验的有效性,就要正确了解被试的语言种类和目前的语言水平。给英语国家的被试提供韩语指导语的题目肯定不行,题目太难或太容易也都不能准确衡量出被试的语言水平。了解被试的语言水平是确定测验难度的前提。从测验的后效来看,题目如果太简单,就无法激发学习者的学习热情;题目太难,又容易打击学习者的学习兴趣和自信心。可见语言测验的开发需要在了解被试的语言种类和语言水平的前提下"量身定做"。

4. 被试对测验的熟悉程度

被试对测验的环境、指导语等方面的熟悉程度会直接影响考试的发挥,所以我们必须得到被试对测验的熟悉程度的有关信息,如"是否参加过 HSK 考试"、"有无参加其他标准化考试(TOEFL,GRE,GMAT 等)的经历"。假如被试对测验的内容和形式都不太了解,测验编制者就要尽可能详细地编写说明和指导语。

(二)被试的需求

语言测验的需求包括两大方面:教育方面的需求(个人、求学)和行政方面的需求(单位、职业)。需求与服务对象、服务目的密不可分。如果被试参加测验的目的是为了求学,那么测验就必须涉及语言技能的听说读写等各个方面,综合考查被试运用语言完成学业的能力。如果是为选拔某方面的人才,就要有针对性地开发测验。如选拔商贸谈判口译员,测验应注重对商贸语言听和说的考查。这时如果考查被试读或写时事评论的文章,就达不到测验的目的了。

二 确定测验目的

确定语言测验的目的就是确定语言测验的用途。开发的测验究竟用来做什么?是测验学生能否进入大学学习,还是通过测验将学生安排到不同水平的班级进行学习?是通过测验检测学生掌握课程或者教材内容的情况,还是确定语言水平作为选拔某种人才的依据?通常,测验的目的大致有三种:以语言教育为目的、以选拔人才为目的、以科研和调查为目的。

(一)以语言教育为目的

这是语言测验最重要的目的,以此为目的的测验包括分班测验、诊断测验和成绩测验。

1. 分班测验

新生入学后,学校会对他们的语言水平进行一次"摸底考试",然后按照成绩把水平接近的学生安排到同一个班级学习,避免学生开始学习时因为水平参差不齐而影响教学效果。

2. 诊断测验

经过一段时间的语言学习,学生需要知道自己哪方面取得了进步,哪方面还有欠缺。这时学生需要参加一个可以诊断学习情况的测验,通过成绩的反馈,学生可以有针对性地在某方面加强学习,教师可以"有的放矢"地在某方面强化教学。

3. 成绩测验

教学进行到一个阶段,需要用一个测验来检验学生对课程内容掌握的情况。教学过程中常用的随堂测验、月考、期中考试和期末考试都属于成绩测验。成绩测验的命题要严格遵守教学大纲,测验内容就是教学内容。

有时测验只有一个目的、一种用途,但有时会同时达到几种目的、具备几种用途。在语言教学过程中,教师应根据不同阶段的教学目的,灵活机动地选择语言测验,以测验促进教学。

(二)以选拔人才为目的

有一些测验是与教学内容无关的,通常是那些大型的标准化的语言能力测验,如托福(TOEFL)、雅思(IELTS)和中国汉语水平考试(HSK),它们是为用人机构服务的,以选拔人才为目的。当然不排除某些语言学习者只是希望通过参加这样的测验知道自己的语言水平,但不可否认的是只有这种需求的语言学习者实在是太少了。这些测验不依托任何的教材和教学大纲,不考虑学生的学习情况,没有固定的内容范围,只是根据测验大纲、语言理论和测验理论测验被试的语言能力是否达到了某个水平,为选拔人才提供某种依据。

(三)以科研和调查为目的

语言测验除了为教育服务、为机构服务外,还可以为科学研究服务。语言研究者需要研究:第一语言与第二语言习得顺序有什么不同?怎样才能准确地测出学生的语言技能?语言教学法的发展对语言测验产生哪些影响?如何建立不同语言间共同的评价标准?等等问题。这些科学研究需要设计不同的测验,而对测验结果的分析讨论是推进科学研究的必要手段。

三 确定测验内容

在确定目标团体和测验目的之后,还要确定测验内容。测验内容是根据需求来确定的。确定测验内容不仅是确定题目的内容,更主要的是确定测验的范围。这个范围包括两方面:教学内容和非教学内容。

(一)教学内容

语言教育是语言测验最重要的服务对象。测验通常贯穿教学活动的始终。因此无论分班测验、诊断测验还是成绩测验,教学内容就是测验内容。也就是说教学内容一定会包括在测验内容的范围内。而学生对教学内容的掌握程度也是测验所要做出的根本评价。拿入学分班测验来说,测验的基本内容一定是今后的教学内容。学校最有把握的分班依据是学生对教学内容的掌握情况,而不是 HSK 达到什么水平,因为拿到同样的 HSK 等级证书的学生,他们的听说读写能力可能完全不同,甚至综合的语言水平也不完全相同(考试具有偶然性)。这种情况下,让他们参加分班测验,根据考查结果把他们分入相应的班级,才能使水平相同的学生站在同一起跑线上,水平不同的学生被"因材施教",才能使教学顺利进行,进而取得令人满意的教学效果。当然测验的内容可以包括一些课本之外的东西,目的是为了测验学生的某种语言能力,这就是下文将提到的非教学内容。

(二)非教学内容

对于水平测验和能力倾向测验来说,测验的目的是为了检验某种语言能力,为选拔人才提供依据,测验不依托于任何教材、大纲,建立在需求分析基础上的语言任务就是命题的内容。例如,为选拔英语导游设计的英语测验,首先要通过问卷调查、访问调查的方式明确英语导游需要用英文做的事情,测验的内容和范围就是这些事情和任务,测验所使用的语言材料并非来自课本,而是英文导游在工作中所使用的真实的语料,评价是对完成英语导游任务能力的评价,而不是掌握英语语言知识数量的评价。

四 确定测验方式、卷面构成和指导语

（一）确定测验方式

在规划和设计一个测验时，另一个要考虑的问题就是选用什么样的测验方式以达到测验目的。前面我们介绍了测验的各种形式，由于这些形式是按不同标准归类的，所以各种测验方式有重合或交叉的地方，如所有的主观测验几乎都是综合式测验。因此在确定测验方式时，主要考虑的就是分立还是综合、主观还是客观这两方面的问题。

1. 分立式测验和综合式测验

语言测验按照形式来分可以分为分立式测验和综合式测验。以 Bachman、Palmer、Hughes 和 Woods 等为代表的语言学家认为语言能力是可分的，因为听、说、读、写各项知识和技能在获取途径（输入与输出）上不同，在心理上也有明显区别，因此可以分开来教，分开来测。在分立式测验中，每个题目只测一个知识点或一种微技能，题目彼此独立。每一种题型只考查一种语言能力。不同课型的随堂测验、期中期末考试可以采用分立式测验。如语法课的测验、听力课的测验等。分立式测验更适合对语言知识掌握程度的考查，其最常见的题型是多项选择题和正误判断题。

虽然语言知识和语言技能以及语言能力各个方面是可以分开测的，但是在实际的语言运用过程中，需要各种语言知识和技能的综合运用才能完成交际。如阅读理解能力包括词汇量、阅读能力、理解能力、知识背景等。因此，命题时采用综合式测验更能有效地考查出学生的语言水平。大型标准化测验中采用的综合填空、听后写、听后说等都是综合式测验。综合式测验最困难的地方在于分数解释的合理性以及所能提供的诊断性评价的信息非常有限。

2. 主观测验和客观测验

题目是主观测验还是客观测验主要是从评分方式上来说的。语言测验中的主观测验通常用来考查写作能力或者口语表达能力，常见的题型有命题作文、看图写作、听后回答问题等。对主观测验来讲，最大的挑战在于如何保证

评分的信度。客观测验通常用来考查语言知识、阅读能力和听力理解能力,常见题型有多项选择、是非题、配对题和完形填空等。对客观测验来讲,最大的挑战在于如何保证题目的有效性。

此外,还会有介于主观和客观之间的"半客观测验",如 HSK(初、中等)中的"写汉字"、IELTS 中的"听后写短语"等。

采用哪种测验方式要根据测验目的来确定。测验方式的选择恰当与否直接关系到测验的效度,因此测验的编制者必须慎重选择合适的测验方式,有效地考查出被试的语言知识水平和运用水平。

(二)确定卷面构成

确定卷面构成是指确定题目形式和题目数量。

1. 确定题目形式——定题型

确定了究竟采用分立式测验还是综合式测验、主观测验还是客观测验,接下来要确定的是用什么样的题目形式进行考查。确定题型是把测验开发者的设计理念与考查目的结合起来并付诸实施的环节。效度、信度和可行性是贯穿始终的依据。

形式是内容的载体,而内容是考查目标和考查要求的反映。例如,测量学生的写作能力,用多项选择题就不行;考查学生某单元知识掌握的情况,用听后回答问题也不行。测验设计者要把题型对被试成绩和水平的影响减到最低。

不同水平的测验对象,测验重点不同(初级水平的考生听和读为测验重点,高级水平的考生说和写为测验重点),被试的水平越高,对产出性技能的考查比重越大,反之,对输入性技能的考查比重越大。

前人经过多年使用和验证的题型(多项选择题、完形填空等),无论在信度、效度和可行性上都是经得起推敲的,只要符合我们的测验目的,就可以考虑选用。

为了达到某些特殊的考查目的或者提高试卷的表面效度,测验设计者经常开发出一些新题型,但新题型不宜过多、过泛,并且还需要经过效度、信度和可行性的检验。

2. 确定题目数量——定题量

题目数量的多少体现了测验开发者对题目权重的分配。哪个部分(听、说、读、写)是考查重点,在时间和题目数量上就要有所倾向。通常来说,普通的教学测验,全卷的时间不宜超过两个小时,即使是大型的标准化测验,也不宜超过三个小时,否则被试容易产生疲劳效应,发挥不出正常的语言水平。

每个考查部分,保证一定题量是保证测验信度的需要。计算信度时,题目达到一定数量,才能保证抽样的覆盖面广,得出的结论才会客观公正。理论上来说,题量越多,信度越高。因此,每部分的题目,在保证考生不产生疲劳效应的前提下,要尽量多。

需要强调的是,确定卷面构成的过程不是一个直线进行的过程,而是需要反复多次、不断修正的过程。在试卷形式最终被确定下来之前通常需要经过预测(pretesting),预测、修正、再预测、再修正,最后才能确定下来。至于题目是否达到了考查的预期目的则需要正式考试之后对题目进行后效研究。

(三)编制指导语

被试在测验过程中的表现在某种程度上会受到测验本身的影响,为了让被试最大程度地展现其语言能力,测验编制者必须让他们清楚地知道测验的整个进程、测验的题型、他们应该如何作答以及测验的评分方式。这些就是编制指导语时应该做的工作。指导语的编制意义重大,因为测验的编制者通过指导语和被试进行沟通,告诉被试应该如何完成测验任务。

1. 指导语的内容

指导语应该包括以下内容:测验的目的、测验要测的语言能力、测验的流程和题型、测验的评分方式及评分标准。假若测验包含很多部分,指导语还必须告知被试测验的组成部分,每部分的分值,每部分的形式和时间安排。

2. 指导语的位置

不同的指导语会在测验的不同时间和不同位置出现。一般来说,指导语会在测验的开始部分出现,有时会在测验进行的过程中由监考老师进行重复。不论是以怎样的形式出现,指导语的目的都是为测验服务,并帮助被试进入测验的最佳状态。

3. 指导语的编写方法

为了让指导语简明易懂,更好地发挥它的辅助性作用,测验编制者编写指导语前还要考虑以下问题:指导语语言的使用;指导语的形式;是否要举例;是否要实施预测,让被试检验指导语的有效性。

假若被试使用同一种母语,那么编制指导语时可以采用被试的母语;若被试的母语背景不太一致,那么指导语就要用被测的语言编写,但要注意指导语的难度不能大于测验的难度。

指导语的形式可以是口头的,可以是书面的,也可以二者相结合,这要根据被试的个性特征来决定。有些被试的听力比较好,阅读能力比较差,那么测验实施时就要通过监考官或录音机把指导语大声地读出来。有些被试的阅读能力强,听力比较弱,那么指导语就应该以书面的形式呈现出来。假如将口头和书面两种形式结合,难免有些被试会感觉受到干扰,影响注意力集中。所以指导语的编制必须是在对被试的个性特征有足够了解的基础上进行,或者有可能的话,可以参考预测时被试对指导语的反应。

在指导语中加入例子会让被试花费更多的时间,但是假若被试对该测验不太熟悉,或者测验里加入了新的题型,那么举例能够使被试更容易了解该题型以及应该如何作答,从而提高测验的有效性。

至于是否有必要进行预测,这要根据测验的目的和重要性而定。如果只是平常的小测验,预测就没有必要;如果是高风险测验,测验影响很广,预测就有存在的价值。

编制简明扼要的指导语是有难度的,语言须简单易懂,篇幅不宜过长,并能囊括足够的被试应该知道的细节方面的信息。另外,信息的容量取决于被试对测验的熟悉程度和测验包含的题型种类的多少。

五 确定评分方式和分数体系

(一)确定评分方式

语言测验的结果通常都以某种分数的形式呈现出来,这些分数又经常被用于对被试某方面的语言能力提供评价,所以评分是测验的重要组成部分。一般来说,评分方式主要有两种——客观评分和主观评分。

1. 客观评分

客观评分操作简单,因为题目有确定的答案(题目答案有歧义是例外),评分员根据参考答案去打分,对就是对,错就是错,不会夹杂任何的主观判断。而且有条件的情况下,还可以借助计算机进行评分,既节省人力,又可以避免一些人为疏忽造成的错误,提高评分的准确性。

2. 主观评分

相比之下,主观评分就复杂多了。因为题目答案是开放性的、不确定的,需要评分员对答案做出主观性的判断。主观评分有两种方式,一是整体评分,二是分项评分。整体评分是评分员对被试的回答给一个整体的分数;分项评分是根据评分标准,把被试的回答分成几个小项,然后逐一给分。无论是整体评分还是分项评分,它们都加入了评分员的主观判断,甚至可以说完全是主观判断。因为即使制定了评分标准,但每个评分员对评分标准的理解不同,很难保证评分员之间的一致性;同时,评分员个人会受疲劳、情绪等因素的影响,自身的一致性也很难保证。一定程度上,我们可以说评分信度低降低了主观测验的有效性。现在国外有些测验机构正在做计算机主观题评分的研究,但研究结果还不尽如人意,主观题评分客观化的进程任重而道远。

(二)确定分数体系

1. 确定分数体系的作用

一是提供评价的参照体系。一个分数体系也就是一个参照体系,每一位被试的分数都可以放在这个体系中进行评价:这名考生的成绩在全体考生中处于什么样的位置,具备什么样的水平?

二是建立可比性。在一个特定的分数体系里,不同时间的试卷之间和相同时间的不同试卷之间能够建立起可比性。去年的1分相当于今年的多少分?同时施测A、B两份试卷,B卷的1分相当于A卷的多少分?分数体系的确定使不同年份的考生之间和不同试卷的考生之间的成绩可以相互比较。

三是在不同的分测验之间建立可比性。被试需要了解自己在听、说、读、写四方面的语言能力中哪方面比较强，哪方面还需要提高，在一个合理的分数体系里，我们可以提供这方面的信息。但是测验的目的和测验开发者对语言能力的不同理解决定了该测验赋予每种能力不同的权重。只有经过加权处理，不同分测验的分数才能进行比较，被试才能通过分数得知自己哪方面的语言能力强，哪方面的语言能力弱。

四是为测验使用者提供语言能力的综合评价。被试最后得到的是由各部分相加而成的原始总分转换来的导出分数，这个分数可以为被试提供综合语言能力评价。

2. 分数的计算方法

影响较小、低风险的学业成绩测验通常采用评卷面分的方法，根据评分规则评分，卷面分数相加即是考生得分，没有分数转换，也不涉及分数加权的问题。

大型标准化语言测验是常模参照性测验。为了使被试的成绩可以进行比较而且易于解释，一般都不报道原始分数，而是报道导出分数。原始分数的计算方式一般是，客观题答对一题得1分，答错一题得0分。卷面分即原始分数的相加。但是用原始分来衡量被试的语言能力水平是不科学的。因为1分的分数并不代表1分的能力，其中还夹杂着其他非语言能力因素的影响，如考试环境、考生状态等。而且听力的1分不等于阅读的1分。让原始分数的意义变得明确的办法就是虚构一个测度，并在这个测度上规定出零点和单位，然后按照新的单位对原始分数进行转换，转换之后，得到新的分数，即导出分数。[①]

第二节　操作和实施

上一节我们讲到了确定测验的目标团体、测验目的、测验内容、测验方式

[①] 所谓测度，就是所测的属性，例如，用尺子测量长度，长度就是测度。关于导出分数的详细介绍见第五章"分数和信度"。

和卷面构成以及评分方式和分数体系五个方面的规划和设计。完成这五方面的规划和设计就为即将开始的语言测验的操作和实施描绘了蓝图,就好比建筑设计师设计好了大厦的图纸,接下来所要做的就是把美好的蓝图付诸实现。

这个过程包括五个阶段的工作:编写测验说明和题目细则;训练命题员;命题和拼卷;聘请专家组对测验进行审核;预测和实测。

一 编写测验说明和题目细则

进入到测验编写阶段,首要工作就是编写测验说明和题目细则。

(一)测验说明

就像厂家要为药品或电器配备说明书一样,语言测验的编制者也要为测验的使用者、被试以及命题员提供测验说明,测验说明的内容应包括测验的目的、测验的使用对象、测验考查的内容、测验的方式、测验的用途和分数报道方式及分数解释等方面的信息。

1. 测验的目的

我们可以结合测验使用者的要求,从测验种类的角度进行说明:该测验是分班测验、潜能测验、水平测验、成绩测验还是诊断测验,不同种类的测验会有不同的考查目的。说明测验目的可以让测验的使用者知道:测验可以提供新生入学分班的依据、可以告知被试是否具备接受某种语言训练的天赋、被试现有的语言水平如何、学生对某阶段教学内容的掌握情况如何、学生的语言学习还存在哪方面的欠缺。

2. 测验的使用对象

说明测验的使用对象,就是说明这个测验适用于什么样的被试。通常从被试的年龄、性别、能力水平、学习程度、文化背景、第一语言、教育程度、考试原因等方面进行描述。吃药要"对症下药",参加测验同样如此,水平低的被试不宜参加等级较高的测验,反之亦然,否则测验是无效的。

3. 测验的内容

成绩测验的内容是由教学内容和教学大纲规定的；而能力测验的内容建立在测验编写者对语言能力理论和测验理论理解的基础上，包含对语言要素和语言运用的考查。测验内容的说明必须让被试了解测验要测的是哪种语言技能及语言要素，测验采用的是何种语料，测验包括哪几个部分，各是什么题型（样题），每个部分有多少道题目、要花多长时间、评分标准是什么，并举例说明每个部分应如何答题，这些都是为了帮助被试更好地发挥出自己的语言水平。

4. 测验的方式

说明测验的方式就是要告知被试该测验的题目类型。测验编写者一方面要了解测验的目的，另一方面要了解每种测验方式的优缺点和适用范围，根据测验的考查目的确定合适的测验方式。通常来讲，首先要确定是主观测验、客观测验还是半主观测验。接下来还要确定主观测验是口试还是写作，写作是单句写作还是成篇写作；客观测验是多项选择题还是完形填空。常见的主观题型有看图写作、命题作文、读后写作、听后回答问题、面试型口语考试；常见的客观题型有多项选择题、完形填空、是非题、配对题；半主观测验常见的题型有读后写、听后写、写汉字等。确定合适的测验方式才能够把不利于评价的影响降到最低。

5. 测验的长度、时间和题目数量

测验说明要说明整个测验的长度、时间和题目数量，测验每个部分的长度、时间、题目数量以及每个题型的长度、时间和题目数量。

6. 测验的用途

通过介绍测验的用途，要让被试看到测验的价值所在，从而使他们以认真、严谨的态度来对待测验。例如，学期成绩测验可以检查考生本学期学习的效果并决定其是否可以进入下一阶段的学习；水平测验可以为被试的就业提供专业的语言水平认证等。

7. 分数报道方式及分数解释

虽然被试可能不能完全理解一些专业性的知识，但是要让他们知道一些基本常识，即分数是怎么来的，为什么这样给分。在这一部分需要说明：

第一,分数采取等级分数还是连续分数。等级分数描述考生的写作和口语表达能力,可以将考生的能力与等级对应起来并且进行排队;连续分数则要将原始分数转换成导出分数,每个考生的得分说明他在全体被试中的位置。

第二,测验采用的分数体系。上一节已经说过,合理的分数体系可以解决四个方面的问题。因此测验的开发者应该说明该测验所采用的分数体系,包括平均分、标准差、最高分、最低分、导出分数的计算公式及范围以及总分的计算方法。

第三,说明报道分数所对应的被试能力特点,让被试通过成绩明确了解自己的语言水平。

对用人单位来说,了解测验的性质和分数的意义,有利于进行正确的决策,防止测验的误用。

(二)题目细则

测验说明是提供给测验使用者及被试的一份说明书,而题目细则是测验编制者使用的内部文件,对被试是保密的。它是建立测验的结构与命题规范的依据,是语言测验至关重要的组成部分。它是命题员编写题目时必须遵守的规范,也是证明测验效度时必需的依据。题目细则一般包括五个方面的内容:概述、样题、题目的刺激属性、题目的反应属性、补充说明(可选)。

1. 概述

概述是对测验题目的简要描述(test specification),包括测验名称、测验目的、测验方式、题目形式、语料特征、题目数量、测验时间、解答方式、计分方法等。

2. 样题

样题是真实试题的模板,目的是让命题员熟悉题目的具体形式,从而更快地进入命题状态。测验中的每一种题型都要给出样题。正式测验时使用的题目,无论在形式上还是在内容规范上,都要与样题完全一致,不能超出样题的范围。

3. 题目的刺激属性

所谓刺激属性,就是说明以什么样的形式给出问题以及对这种形式的要求。对客观性题型来讲,"刺激"就是题干,刺激属性包括说明题干的形式、文字要求、长度等。对主观性题型来讲,"刺激"就是题目要求和指导语,刺激属性包括说明出题的范围、体裁、给出形式(图画、声音或者文字)以及指导语的语言规范、长度、时间等。

4. 题目的反应属性

所谓反应属性,就是说明用什么样的方式回答问题。通常包括两种反应:一种是选择性反应,如客观性题型的"选择正确答案";一种是创造性反应,如主观性题型的"看图写作"。反应属性包括答题的位置、方式及其他规范。

5. 补充说明

除以上四项外,如果还有其他需要特殊说明的,要放在补充说明中予以说明。例如:HSK(高等)考试"听后写摘要",要补充说明:这部分试题是半客观的评分方式,被试正确的作答方式(在横线上写3—5个字的短语或短句,不要在[A]、[B]上画横线),阅卷员正确的阅卷方式(可供参考的正确答案、正确在[A]上画横线、不正确在[B]上画横线)等等。

二 训练命题员

编写完测验说明和题目细则,就好比按照图纸制订好了施工的计划,接下来就要准备盖房子了。建筑设计师设计出了完美的图纸,建筑工程师按照图纸制订了完美的施工计划,盖房子的工作由谁来完成呢?当然是建筑工人。建筑工人既要了解设计师的设计意图,看懂图纸,还要了解施工计划,当然还要具备建筑工人的专业技能。建筑工人素质的高低决定着建筑质量的好坏。命题员就好比建筑工人,命题员素质的高低决定着题目质量的优劣。

(一)选择命题员

什么样的人可以担任命题员呢?一类是专职命题员。专职命题员的工作就是为某种考试编写题目和做命题研究。他们不但需要具备语言测试的专业知识,还要具备丰富的语言教学经验。一类是兼职命题员。兼职命题员通常是语言教师、语言文字工作者或语言专业的在校大学生。他们的本职工作不是编写题目。对语言教师来说,命题只是他们工作的一部分;对其他人来说,从事命题工作完全是兼职的。这些人经过培训可以承担起某种考试或某个题型的命题任务。不管是专职命题员还是兼职命题员,称职的命题人员不仅应具备丰富的教学经验、丰富的科学知识,了解学生学习中的困难所在,还要有丰富的创造力和想象力。

(二)培训命题员

在命题开始之前,语言测验的开发者应该对命题员进行培训,提高命题员的命题能力,这是保证测验题目质量的前提。培训主要针对以下几个方面:语言测验的基础知识;命题理念;针对所开发的测验,明确具体的命题要求;命题方法和技巧。

1. 语言测验的基础知识

虽然命题员只负责编写题目,不像测验的开发者需要掌握"全局",但是了解一些语言测验的基础知识对于理解命题理念以及掌握命题技巧有很大帮助,而且有助于今后举一反三,根据不同测验要求编写出合格的题目。语言测验的基础知识包括语言测验的分类和目的,语言测验的根本要求,语言测验的规划、设计以及实施的方法和过程,语言测验的评价标准和评价方法等。

2. 命题理念

命题理念是作为命题员应该树立的一些基本观念。

一是效度观念。命题要紧紧围绕效度的目标展开。效度是指测验在多大程度上测出了命题者想测的语言要素和语言能力,测验成绩在多大程度上可以解释所测的语言能力;效度也是检验测验质量的最重要的指标。因此在命题各个环节中(选择语料、选择出题点、编写题干和选项),命题员要紧紧围绕效度这个核心,尽可能降低非能力因素(题目质量不高)对被试水平的影响。

二是难度问题。对语言水平测验而言,测验的目的不是为了难倒学生,而是为了让被试了解他的语言水平;对语言成绩测验而言,测验的目的是检验教学的效果和学习的成果,测验不是惩罚性的,而是鼓励性的。

三是公平性和真实性问题。这两个问题都是针对题目内容来说的。公平性（fairness）要解决的是任何考生，无论民族或地域，无论专业背景是什么，都不应在语料的内容方面占便宜或吃亏。真实性（authenticity）要求避免命题员个人好恶、观点倾向性、语言风格的不同带给题目的影响，也要求为被试提供尽可能真实的语言环境。

3. 针对所开发的测验，明确具体的命题要求

命题员应针对所开发的具体测验，明确具体的命题要求。这些要求包括考查目标、题目类型、题目的语料形式、题目数量、难度等。这就要求命题员在掌握了大原则的前提下具体问题具体分析，对症下药。

4. 命题方法和技巧

方法和技巧是为了达到要求在具体命题时运用的一些技术。命题的过程包括选取语料、确定出题点、设计提问、编写选项四个步骤。针对不同的测验方式、不同的题型，每个步骤都有不同的方法和技巧。命题员通常需要了解主观题目（读后写、看图写作、听后说或者回答问题等）和客观题目（多项选择题、配对题、是非判断题、挑错题、完形填空题等）的命题方法和技巧。一支稳定的专职命题员队伍有助于保证测验的信度。但是专职命题员容易缺乏对题目和被试的敏感，所以当被试群体、题目类型或者难度发生变化时，专职命题员应当调整自己的命题方式。为了避免因对题目不敏感而造成的错误，命题员在完成命题后要把自己当成被试做一遍题目，或者请其他人做一下题目，这样做通常会发现语言不规范、答案不唯一、内容敏感或者不公平的问题。这一步在命题过程中十分重要。目前一个不容忽视的事实是许多语言测验的编写者是任课教师或者语言文字工作者，他们有着各自不同的教学课型、研究领域、语言风格，经常会习惯性地把工作经验与编写题目联系起来，有时能命出一些好题目，但事实证明很少。对他们而言，命题方法和技巧的培训尤为重要。

当然，要成为优秀的命题员，并非经过几次培训就可以的。"功夫在诗外"，命题员除了平时要注重对语言知识、语言理论和测验知识的积累，更要拓宽知识面，提高文学修养和文字功底。此外，命题经验的积累非常重要，可以说每位优秀的命题员都是经过几年甚至十几年的磨炼，才练就一手"绝活儿"的。

三　命题和拼卷

(一)命题

命题就是严格按照"题目细则"的要求和样题的规范编写题目的过程。

命题从哪一步开始？从找语料入手，还是从考试大纲和教学内容入手，又或者是参照从前的试卷？这要根据测验的目的和题目类型来决定。如果编写的是水平测验的题目，参照从前的试卷是没有意义的，除非要编写的是过去试卷的平行试卷。水平测验也没有可以参照的内容大纲和考试大纲，命题时我们应该从找语料入手，选择形式、题材、体裁、难度都符合要求的语料，然后找出题点、编写题干、编写选项。如果编写的是学期测验、中考或高考等成绩测验的题目，首先要做的是根据教学内容和考试大纲确定考试内容，做到对应考范围心中有数。比如要考查哪些语法、语音知识，哪些词汇的用法，哪种题材、体裁的阅读能力、写作能力等，测验编制者可以把这些项目制成一个细目表，然后在这个内容范围内寻找、修改、编写语料，命题，最后根据这个细目表来检查内容覆盖的情况。此外，成绩测验通常是不进行等值的，为了保证试卷难度接近、表面效度一致，通常要参照过去的试卷进行一些调整。

编写题目不能一蹴而就，平时就要注意对语料和命题素材的积累，建立自己的"命题语料库"，这个语料库要存储各种题型、各种难度、各种测验的语料，当接到任务时，命题员可以从容地在"命题语料库"里选择最合适的语料。语料找对了，题目就成功了一多半。命题工作通常都会有时间限制，短时间内在自己的语料库里找到原材料，加工起来就快多了。可以说某种程度上，命题有一半的工作是在平时完成的。

刚出来的毛坯题不能马上投入使用，还需要进行修改。在正式考试之前至少要进行两次修改：第一次是题目编制出来后，命题员之间可以传阅，请其他人做一遍题目，对内容公平性、是否有语言错误、答案是否唯一、选项是否符合要求等方面进行检查和提出意见，有时还要向测验的相关专家咨询。第二次是在命题的预测之后，可以根据预测的结果适当地对试题进行修改。俗话说:"慢工出细活儿。"编写题目就是一个"慢工",命题员都应该成为能工巧匠,不但要出细活儿,还要出好活儿。

(二) 拼卷

拼卷就是按照设计好的卷面结构将已经编写好的指导语和题目安排位置、排列顺序,拼成一张试卷。拼卷要考虑的基本原则是先易后难。一方面避免考生有会做的题目因为排在后面没有完成而影响成绩。另一方面由易到难的过程也使得考生能够逐渐适应考试,有利于他们发挥正常的语言水平。在拼卷时,通常要遵守以下规律:第一,输入性技能的题目在前,产出性技能的题目在后;第二,客观性题目在前,主观性题目在后;第三,简单的题目在前,较难的题目在后。

对于成段的题目,要按照文章内容的顺序安排题目。以阅读理解题为例:给出一段文章和几个与文章内容有关的问题,每个问题有四个选项,选择唯一正确的选项。几个问题应该按照文章内容的顺序安排,避免考生在搜索答案的过程中不得不反复阅读,耽误时间。

客观题拼卷的最后一个重要步骤是调整答案,使得每一个大部分中 A、B、C、D 四个答案的数目大体相等,这样避免考生将答案"押宝"。

经过这些程序,一套毛坯题试卷就算编写完成了。

毛坯试卷出来以后首先要经过测试开发机构的内部审核,在质量上先自我把关。可以找几位教师或者学生做一遍题目,看看是否存在文字错误、答案是否唯一或不正确、答案分布是否合理、题目之间是否有暗示等。

四 聘请专家组对测验进行审核

虽然编写者精心设计、认真编写、悉心校对,但是本着对考生负责、对用户负责、对社会负责的态度,测验在正式实施之前还需要经过专家组的审核。测验开发机构要聘请语言学家、测试学家、教学专家、命题专家组成审题专家组对题目进行全面的"体检"。审查范围主要包括:

题目的内容、形式以及程度是否与题目细则一致,是否存在文字和语法错误、歧义、答案不唯一和答案不正确等问题。

题目内容的公平性和敏感性。测验对所有考生都应是公平的。首先是内容上的公平,不使任何人因为专业背景而吃亏或者占便宜;其次是内容敏感性问题,敏感性问题包括毒品、暴力、性、宗教信仰等问题,这些内容是测验不应该涉及的,以保证任何性别或民族背景的考生对题目内容都不会感到不舒服。

对试卷的表面效度进行审查。例如,某一题材的题目在某个题型中是否过于集中?题目和选项的编排是否遵照先易后难、先短后长的顺序?

非常重要的一点是,专家们不仅仅要阅读试卷,而且要把自己当作考生一样一个题一个题地去做。例如,听力理解测验他们必须听录音然后回答问题;写作测验他们必须看图然后亲自写文章;口语测验他们必须对着录音机回答每一个问题。只有这样做,专家才可以判断:听力录音播音员的声音是否清楚?读一遍就可以了还是应该读两遍?写作考试的图画是否明确?内容是否合适?口语测验的指导语是否清楚?操作流程是否简便易行?如果发现问题,专家组应该提出来,测验开发者应该咨询专家的意见并认真修改。测验真正面世之前,审查和校对的工作要随时进行,反复多次。

五　预测和实测

(一)预测

前面说过,题目生产的过程不是线性前进的,而是反复的、交叉的,测验设计者需要对题目进行不断的审查、修改,这是控制题目质量的手段之一,控制题目质量的另外一个重要手段就是对题目进行预测,因为预测后的题目分析是确定和修改题目的重要依据,只有预测合格的题目才能进入正式题目题库(item bank)。而且预测的过程也是检验测验各部分(时间、指导语、评分方式等)是否合理的有效途径。预测可以使我们更全面地审视整个测验,它是一个搜集反馈信息,完善整个测验的过程。

大规模预测通常用于高风险的大型标准化考试的开发,预测必须建立在被试团体与目标团体一致以及实施方式与正式考试实施方式一致的基础上。

唯有如此,预测才是可靠和有效的。

虽然分班测验、成绩测验中的预测过程往往被省略掉,然而,试测还是很必要的。可以找四、五位教师或者不同年级的学生做一遍卷子,这样可以发现一些之前被忽略的问题,如答案不唯一、文字错误、答案错误、编号不正确等。对这些错误进行修正后,试卷就可以用于实测了。

(二)实测

大规模测验的预测结束后,经过数据分析(包括平均分、标准差、相关系数、难易度和区分度),合格的题目才能进入题库(以 HSK 为例,标准组、一年级组、二年级组三个组的区分度均达到 0.25 的题目才能进入题库)。接下来要做的工作是按照难度和内容要求抽取题库中数据合适的题目拼成正式试卷。只有正式试卷才能用于实测。

到目前为止,我们讲到的都是题目的准备,所做的一切都以保证题目的质量为核心。进入到实测阶段,为了使考试顺利进行,排除一切不利于被试发挥水平的因素,还要做好考务的准备。考务工作包括考场安排、试卷保密、监考工作等。

考务工作要保证两点:第一要保证考试按照设计的要求进行;第二要保证全体考生是在公平的、一致的条件下参加考试。如果能够保证这两点,实测就能够顺利进行,并且能够最大限度地降低非测试因素对考生水平的影响,有效地考查出考生的语言水平。

第三节 分析和检验

一 题目分析和修改

在编制了新的测验并且进行预测后,需要对题目进行分析。题目分析通常是指对特定的被试在测验题目上所做反应的统计特征的计算和检验。题目分析的主要目的是计算出每个题目的难易度、区分度、选项分布等参数,这些参数反映了题目质量的高低。

根据题目分析报告,我们可以了解每一道题目的难易度、区分度和选项分布的情况,这些信息不但反映了题目的各种统计特征,也为进一步修改题目提供了参考依据。

题目分析和修改的具体方法,将在第四章介绍。

二 信度、效度分析

在对题目质量进行分析后,我们会得到比较详细的题目分析报告,从中了解到每道题目的情况。此外,我们还有必要对测验的信度和效度进行分析,为用户提供详细的数据和报告,以反映整个测验的质量。关于信度、效度问题,将在第五章和第六章介绍。

三 后效研究

后效,也称反馈,通常是指测验对教学和学习的影响。在研究后效时,我们往往认为后效也是测验的问题,其实这种认识是有偏差的。测验只有一个作用,就是测量出某种属性,而测验的这个作用可以达到多种目的,如选拔、评估、诊断和研究。从本质上来说,后效不是测验对学生的影响,而是根据测验所做出的决策对学生的影响,因此,后效是决策产生的效应。例如,决策者根据一个测验产生的信息做出了一个利害攸关的决策,这时,学生会对为这个决策提供信息的测验非常重视,如高考,而一旦决策者不再使用高考作为选拔标准,学生们也就不再关注高考了。所以真正产生某种社会效应的是决策,而不是测验本身。

既然后效是决策造成的效应,那么研究后效就是研究决策,跟测验没有关系。测验要研究的问题是如何开发出科学、可靠的测量工具以及如何使用这个工具。决策研究要解决的问题是如何提高决策的质量,使决策产生的积极作用最大化、消极作用最小化。

思考题

1. 开发一个语言测验，一般要经过几个步骤？
2. 怎样编写测验说明和题目细则？
3. 为什么需要预测？

第三章 试题

第一节 客观性试题

这一节主要介绍几种常见的语言测验的客观性试题。

客观题通常由题干、问题和选项三个部分组成。所谓题干,一般就是呈现给被试的一段语言材料,有时也可以是图画、图表等非语言材料。在这段材料后面,通常是根据这段材料提出的一个或多个问题,这些问题要求被试对题干中的某些内容做出反应("问题"这个部分有时候可以省略,详见下文)。选项则是提供给被试的若干答案。

一 多项选择题

多项选择题(multiple-choice item)是客观题的代表性试题,在语言测验中有着广泛的应用。

(一)多项选择题的构成

多项选择题是指针对一个问题,给出几个备选答案,以供被试从中选出答案的试题。典型的多项选择题由三部分构成:题干(stem)、问题和选项(options / responses / alternatives)。选项中又包含正确项(answer / key / correct choice / best choice)和干扰项(distracters)。

(二)多项选择题的优缺点

1. 优点

(1)考查的范围较广。这也是客观性试题相对于主观性试题的一大优势，在多项选择题中表现得尤为突出。例如，要考查在某个情境下应该使用哪种表达方式，如果用作文来考查，被试很可能为了避免错误，只写自己最有把握的、最简单的表达方式。而如果用多项选择题，就可以强迫被试面对较难的表达，从而考查出更大范围的语言样本。另一方面，如果被试选择了一个干扰项，既可以说明他没有掌握正确项，也可以说明他没有掌握这个干扰项，等于扩大了考查范围，能够得到更多关于被试语言能力的诊断信息。

(2)能产性强。这也是多项选择题能够被广泛使用的重要原因之一。可以说多项选择这种呈现方式在所有试题中是能产性最强的，能够和很多主观性试题结合，形成客观性试题，使主观性试题客观化，达到提高测验信度的作用，同时也拓展了多项选择题的使用范围。目前多项选择题基本可以对全部语言要素的识别、判断能力进行测量，还可以对听、读两种语言输入技能甚至一小部分语言输出技能进行测量。

2. 缺点

(1)有猜测因素。多项选择题提供了选项，于是它就给了被试猜测的机会，这是多项选择题受到批评的主要原因。其实对于大部分客观性试题来说猜测因素是不可避免的，关键是将猜测因素控制在可接受的范围。多项选择题大多是四个选项，即"四选一"，也有的是五个选项。这样，被试如果随便乱猜的话，他猜对的机会只有20%或25%。在全部以多项选择题形式呈现的客观性测验上，如果某被试的答对率在25%以下，他的得分是没有意义的。如果被试在做多项选择题时能够一下找出正确答案，或是完全不会只能随便乱猜，测验的结果都能较准确地说明被试的语言水平，这也是命题者所期望的。但被试如果没有能力一下子找出正确答案，就会使用排除法，排除掉几个选项后，在剩下的选项中再进行猜测。这样就会大大增加试题的猜测因素，影响测验结果的准确性，而这才是命题者所不希望看到的。因此，对于大部分客观性试题来说，如何避免被试使用排除法做答，才是命题者要努力的方向。

(2)命题不容易。即便是只需要写出三个有效干扰项的"四选一",对有的试题来说也是非常困难的,这时候命题员需要有较高的命题技巧。关于这一点,我们将在命题要求中详细说明。

(三)多项选择题的类型

从正确项的个数是否确定,可以把多项选择题分成固定型和自由型。固定型的多项选择题会告诉被试每道题的正确项的个数是一个、两个还是三个,最常见的为一个,即单选题。自由型的多项选择题不会告诉被试每道题有几个正确项,可能是一个或多个,即多选题。由于多选题在计分上比较麻烦,而且会降低区分度,所以一般在大范围、标准化的测验中很少使用。

下面以单选题"四选一"为例,介绍多项选择题的七种类型。

1. 匹配型

匹配型的多项选择题多用图片作为题干或选项,用于考查低水平被试的简单的语言知识(如词汇等)。如果某个测验或测验的某个部分全部由这类题目构成,问题或答题要求可以在题目说明中给出,而不必每个题都给出一个问题。

【例 3—1】

题目说明:下列题目中每题都是一幅图画,请在 ABCD 四个选项中选择图画中物体的名称。

A.火车   B.汽车   C.飞机   D.轮船

2. 替换型

替换型的多项选择题多用来考查对词汇意义的掌握。题干是一个待考查的词,正确项是这个词的同义词或近义词。

【例 3－2】
漂亮

  A.年轻   B.美丽   C.高兴   D.可爱

  目标被试的水平越低，正确项的限制就可以越小，只要跟待考查的词是同一类就行了。

  由于词汇的意义在不同语境中可能会产生变化，孤立地考查缺少效度，所以现在更常见的，尤其是考查较高水平的被试时，题干往往是一句话，以提供语境信息。

【例 3－3】
小周这个球打得很<u>漂亮</u>。

  A.精彩   B.美丽   C.奇怪   D.笨拙

  但即使这样，也还存在问题：这种试题会给被试一种误导，即同义词是可以广泛替换的，这对教学有负面的反拨效应。而且要考查的被试水平越高，题干要求的语境信息就要越详细，干扰项也就越难出。

3. 填空型

  填空型试题是极为常见的一种多项选择题，多用于考查语法和词汇。这种题型的题干是一个不完整的句子，正确项是能填入题干的最恰当的词或短语。

【例 3－4】
这件衣服____漂亮____便宜。

  A.或者……或者   B.虽然……但是

  C.因为……所以   D.不仅……而且

  考查词汇时，这种试题的语言点主要集中在题干提供的语境上。考查短语的语序也经常由这种试题承担。

【例 3－5】
他们走进了_____房子。

  A.一座黑暗的大石头   B.石头的一座黑暗大

C.黑暗的石头一座大　　　　　　　　D.大石头的黑暗一座

如果用一篇文章的若干句子做题干,就是一种完形填空题了,不仅可以考查词汇、语法,更可以考查语篇,我们将在介绍完形填空题时详细说明。

4. 挑错型

挑错型试题多用于考查语法,题干是一个形式完整的句子,选项是题干的四个被标出的部分。

【例3—6】

我加完班准备回家,到了地下车库 才发现把整串钥匙忘了在办公室。
　　A　　　　　　　B　　　　　C　　　　　　　　D

这类试题的难度和画线部分的长度有关,越短则让被试注意的问题越突出,也越多考查字词层面,越长则越难,问题越隐蔽,有的选项包括了题干所有的内容,更多地考查短语或小句层面。

【例3—7】

中学毕业后直到我工作,我再也没去过看他,一是我实在没时间,
　　　A　　　　　　　　　B　　　　　　C

二是我们离得实在太远。
　　　D

这种试题还有一种变换形式,就是每个选项都是一个完整的句子,其中有一个句子有错误。

【例3—8】

A.他走进来一家商店。

B.瓶子里插着一枝鲜花。

C.你一点儿都不知道吗?

D.这里放着我最秘密的收藏。

把挑错换成挑出正确形式,也是很常见的题型,尤其是在只有选项的变换的形式中。较之挑错题,挑出正确形式这种题型的命题难度要大一些,因为设计有错误的干扰项比设计没有错误的干扰项要困难一些。

对于挑错型的多项选择题也有一种批评意见,认为这种题型不利于学习者,学习者应该多接触正确的形式而不是错误的形式。

5. 插入型

插入型试题多用于考查语法。题干是一个句子和一个从句子中抽出的词或短语,选项是这个抽出的部分在句子中可能的位置。

【例 3-9】

似乎

他们 A 都没有 B 注意到 C 我 D 做的那些努力。

这种试题也有一种变换形式,就是把待插入的部分分别插入选项所在的位置,形成几个句子,让被试从中选出正确的。这就和挑错型的变体差不多了,唯一的区别是挑错型变体的选项是完全不同的句子,而插入型变体的选项是相似的句子。

【例 3-10】

A.他们似乎都没有注意到我做的那些努力。

B.他们都没有似乎注意到我做的那些努力。

C.他们都没有注意到似乎我做的那些努力。

D.他们都没有注意到我似乎做的那些努力。

6. 排序型

排序型试题多用于考查句子或语篇的衔接。题干是几个句子或几个小句,选项是它们不同的排列方式。

【例 3-11】

①何乐不为

②所谓"茶楼"

③其实是餐厅饭店兼营的

④开了早茶就多了条生财之道

⑤饭厅厨房炊具员工闲着也是闲着

A.③⑤④②①

B.⑤①③②④

C.④②③①⑤

D.②③⑤④①

也有人认为这种试题可以考查出语言组织的能力,因此可以看作是考查了一部分写作能力。这种试题的题干句子越长,整个段落的层次越丰富,明显的衔接词语和指代越少,则题目越难。较之其他类型的多项选择题,排序型在语料的选择上会困难一些。

7. 问题型

问题型试题一般用于考查听力理解和阅读理解能力。题干是根据听力或阅读材料提出的一个问题,选项是对该问题的回答。

【例3—12】

女:除了卖画,你还有别的收入吗?

男:有,我在外面兼课,另外还有一些股票。

问:男的有几种收入?

A.1种　　　　B.2种　　　　C.3种　　　　D.4种

(四)多项选择题的命题要求

1. 总体要求

(1)语言材料要规范、自然。试题所使用的语言材料要规范,这似乎是不用刻意提及的、很基本的要求。但越是基本的、看似简单的要求,往往就越难做到。尤其是命题者是非母语者的情况,就更要注意。只要稍微拿不准就要请母语者判断,而且不能只问一个母语者。对于命题者是母语者的情况也不能大意,因为每个人的方言、语感或多或少都会存在差异,一定不能只以一个人的判断为准,试题只能考查大家公认的内容。语言材料要自然这一条更容易被忽略,尤其是在语料需要修改时。在考查低水平被试时,经常不容易找到既真实又简单的语料,需要命题者自己编写,就更要注意自然的问题。

（2）一题只考查一个语言点或一个语言技能。多项选择题属于分立式的试题，一个题目只考查一个内容。换句话说，这种题目所考查的内容不能同时涉及多个内容。如果一道题从干扰项体现出至少考了两个点，那往往不容易分清被试是因为没掌握哪个考点而做错了，就会影响效度。如果词汇题涉及了语法错误，被试就弄不清该题究竟是要考词汇还是要考语法。

（3）保证答案的唯一性。无答案、有两个或更多答案，对多项选择题来说是致命的。如果在测验中有试题出现这种情况，那么该题就是无效的，并会对整个测验的数据产生影响。出现答案不唯一主要有两个原因。一是命题者自身语言背景的限制。多项选择题只能测量有明确正误区分的考点，母语者都不能完全区分的内容最好不要用来出题。二是命题者带着语料外的信息出题。这种情况多出现在考查听力理解和阅读理解时。由于所用语料经常是从完整的文章中抽出的一部分，所以命题者了解一些语料之外的信息，就可能造成一些被试认为完全有可能正确的干扰项，在命题者看来是完全错误的。要避免出现答案不唯一的情况，就要请不同的人审题。

（4）避免题目之间泄漏答案。这种情况也多由两个原因造成。一是用一段语料出了几个题，如果命题者没有系统地考虑，聪明的被试就可能从其他题的选项或题干猜出某道题的答案。二是一套试卷可能由不同的命题者出题，如果没有专人认真通读，就可能出现一道试题的答案正好出现在其他部分的试题中的情况。

总体要求不仅是对多项选择题的要求，也是对大部分客观性试题的要求，在后面介绍其他类型的客观性试题时不再赘述。

2. 题干要求

（1）清楚、简明，与被试的语言水平相适应。题干的作用是清楚、简明地说明问题。如果牵扯无关因素，比如考查语法，题干却出现了很难的词语，就会使考点不鲜明了。如果被试搞不清楚在考什么，那不论他答对答错，都不能说明他是否掌握了命题者想要考查的语言点。

（2）要考虑有效选项的个数。出题的时候，命题人员要避免提出这样的问题："小张比小李的年龄大吗？"因为即使加上"不知道"这个选项，也只有"对"、

"不对"、"不知道"三个选项,实在很难再编出一个选项,如果硬凑一个选项,该选项就是无效选项。

所以设计问题和编写选项并不是截然分开的两个步骤。在确定考点后,怎么设计问题一定要同时考虑到干扰项怎么写,不能顾头不顾尾。

3. 选项要求

(1)简洁。选项要尽量简洁,如果有重复的部分要尽量放到题干里去。如果选项比较长,就会增加被试的阅读负担,增加答题时间。

(2)尽量等长。如果有一个选项比其他选项都长或都短很多,就会诱导被试过多地注意这个选项,这样的选项可能会暗示被试:选择它或者排除它。选项要做到等长其实并不是很容易,尤其是听力理解和阅读理解试题,命题人往往会给正确项加上一些限定,使其正确性不容置疑,从而造成了正确项比干扰项明显地长。解决办法就是将干扰项也拉长,正确项就不突出了,但这又会增加被试的阅读量。而有的命题人会压缩掉一些似乎不重要的助词,使选项等长,同时避免增加阅读量,但又会造成语言不自然。所以语言测验的命题者会经常左右权衡,反复尝试。

(3)类型尽量一致。选项的类型如果差异很大,也会让考点变得不明确,影响考试的效度。这一点在考查词汇和语法时尤其明显。除非考查低水平被试,否则不同词类或不同范畴的选项会让试题的难度很低。有些试题的干扰项虽然类型一样,但却是同义词或反义词,这样也不好,容易被被试成对地排除掉。还有一种选项是"以上都对"或"以上都错"。如果该项是干扰项,会影响被试的思路,迫使被试通读全部选项。如果该选项是正确项,一旦被试没有看到它,而是看到其他选项正确就进行了选择,就会落入陷阱。而且即使该选项是正确的,也会让一些被试误认为是凑数用的干扰项,而被轻易地排除掉。这种选项也是要避免的。

(4)难度差异小。不论是正确项还是干扰项,都不要比其他选项明显地难。如果正确项很难,那么低水平被试即使不理解正确项,也可以通过排除掉容易的干扰项而做对。如果某一个干扰项很难,就会使高水平的被试犯糊涂。这两种情况都会影响到测量真实的语言能力。

(5)都要有吸引力。每个干扰项都要能从某方面吸引水平较低的被试。如果某个干扰项从形式上一看就是错的,或是放入题干根本不像话,或是意思很荒谬,那么它就起不到干扰的作用,"四选一"就变成了"三选一",增加了猜测因素。所以干扰项也不能错得太明显,不能让被试用排除法做对题。干扰项错的程度应该依据测验的目标被试的水平而定。如果是考查水平很低的被试,可能即使干扰项错得很离谱也对被试有吸引力。所以命题者一定要了解测验目标被试的水平,知道什么样的错误是他们容易犯的,才能提高试题的质量。

(6)选项要有顺序。如果选项有自然的顺序,如时间或者年龄,应按照其自然顺序来安排。如果选项的字数不能一致,应按照由少到多或由多到少的顺序来安排,避免参差不齐,给被试带来视觉上的混乱。

二 是非题

是非题(true-false statement)是形式最简单的客观性试题。

(一)是非题的构成

通常情况,一道是非题的题干就是一个陈述句,让被试做出对或错的判断。在考查被试对语篇的理解时,就需要题干和听到或者读到的语篇一起构成对被试的刺激,这在其他类型的客观性试题中也一样,以后不再赘述。

(二)是非题的优缺点

1. 优点

(1)答题负担少,速度快。是非题通常被用来考查被试听、读的技能。由于形式简单,不需要被试花费太多精力阅读和记忆,听到就可以判断,所以用来考查听力理解更多见。考查阅读时可以不需要阅读材料,让被试直接对题干进行判断。这种情况常见于考查低水平的被试,而且题干往往是常识性内容。是非题还可以用来考查语法,让被试判断题干的句子结构是否正确。

(2)出题较容易。编写是非题的题干时,先确定语言点,然后用简明的正确或错误的陈述句表达出来不会产生歧义就可以了。和其他类型的客观性试题相比,编写是非题需要顾及的方面比较少,出题比较快。例如,考查听力理解所用的文章,基本上其中每一个完整的句子都可以生成一道是非题,而采用其他类型的试题就很难做到这一点。

总的来说,如果测试对象的语言水平较低,而且测试时间较短时,可以考虑用是非题。

2. 缺点

(1)猜测因素太强。是非题的答案只有"对"和"错"两种,即使被试不会做,也有50%的可能性猜对,这会影响信度,所以是非题在大规模或标准化的测验中所占比例一般不会太高。

(2)考查的深度和精度有限。是非题的形式限制了被试的反应方式,因此较难考查出较高层次的语言能力。另外,即使被试不是基于猜测做出了正确的判断,也难以了解被试是否掌握了命题人想考查的内容。

【例3—13】

他今天见面了朋友。

A. 对　　B. 错

就上面这个例子而言,即便被试判断出这句话是错的,也可能是由于错误地认为"了"表示过去,和"今天"相矛盾,而不是因为知道"见面了朋友"是错的。

(三)是非题的命题要求

编写是非题时,通常遵循如下要求:

第一,题干在尽量简短的同时保证绝对正确或绝对错误,不能模棱两可。

第二,题干应避免否定的陈述,尤其是双重否定的陈述。

第三,题干的语言要尽量避免使用可能给被试提示的词语,如"总是"等较绝对化的词语。

第四,正确题干和错误题干的长度应该差不多,二者的题量也应该接近。

三　配伍题

配伍题(matching item)也是一种较为常见的客观性试题,连线题是其基本的形式。

(一)配伍题的构成

配伍题是指针对几个题目,给出若干个选项,以供被试从中为每个题目选出答案的试题。也可以近似地把配伍题看作是对多项选择题的压缩,即几个题干共用若干选项。配伍题的选项有的具有双重身份,既是一道题目的正确项,同时也是其他题目的干扰项。

(二)配伍题的优缺点

1. 优点

(1)减少猜测因素。配伍题由于选项多,可以较好地减少猜测因素,尤其是对于前面的题目效果更突出。

(2)减少文字量。如果增加多项选择题的选项,也可以达到减少猜测因素的效果,但是比起配伍题,试卷的文字量就会增加很多,也就增加了被试的阅读量。所以从精简试卷的角度来说配伍题是比较好的选择。

2. 缺点

(1)命题难。由于配伍题是"多对多",较之"一对二"的是非题和"一对多"的多项选择题,更容易顾此失彼。配伍题容易出现两个方面的问题:一方面是个别题目的答案不唯一;另一方面是一些选项对某些题目起不到干扰作用,增加了猜测因素。

(2)答题负担大,不自然。对被试来说,做配伍题,尤其是一组配伍题的前几道题,由于要记忆的选项多,所以负担也要比做多项选择题大不少。即使被试做题顺利,也要把只做干扰项的选项反复看很多遍,离真实的语言使用就更远了。

(三)配伍题的类型

配伍题本身的形式就比较复杂,所以很少出现多选的情况,基本上每道题都是单选题。

配伍题按选项是否可重复使用分为两种：一种是一个选项如果被选为一道题的正确项后，就被剔除了，不能重复使用；另一种是这个选项还可以作为其他题目的选项被重复使用，继续拥有被选为正确项的机会。选项不可重复使用时，被试做题的心理过程可能比较复杂，每做一题都要排除前面题目已选出的答案，如果做到最后发现没有正确答案了，还要回到前面的题再重新考虑。选项可重复使用，其实是为了减少猜测因素，如果一组配伍题中出现两个相同的选项，应试者不能因其中一个选项已被自己确定为正确答案而猜测另一个必定是错误答案，因为这两个选项都可能是正确答案。但是选项可重复使用会增加被试答题的记忆负担，一般在选项比较多的时候不建议使用。而且由于被试最常见的多项选择题是没有选项可重复使用的，所以一般为了避免混乱，大部分配伍题还是以选项不重复使用的形式出现，下文也以这种形式为例进行介绍。

配伍题还可以按题干和选项的数量是否相等分成等量和非等量两种。等量配伍题的题干和选项数量相等，越做选项越少，做到最后一题时，就只剩一个选项可以选择了，严重影响了测验的效度。因此采用非等量配伍较为多见，而且为了保证最后一题的猜测因素不大于"四选一"的多项选择题，选项数至少要比题干数多三个，比如"八选五"，那么有双重身份的选项有五个，纯粹的干扰项有三个。

配伍题从形式上分，有双列型、集库型两类。双列型配伍题多用来考查词汇的意义或搭配，可以看作是对匹配型多项选择题的压缩。如：

【例 3—14】

1) 参加　　　　A. 机器

2) 产生　　　　B. 睡觉

3) 使用　　　　C. 周围

　　　　　　　D. 比赛

　　　　　　　E. 商店

　　　　　　　F. 感情

这种类型的配伍题还可以考查听力理解和阅读理解,可以看作是对问题型多项选择题的压缩。如果考查听力理解的题干是让被试听而不是读,那么试卷只出现选项的一列,"双列"就成了"单列"。集库型配伍题通常选项较多,不便于竖列,而采用横排,置于题干之前或之后。集库型配伍题可以看作是对填空型多项选择题的压缩。

【例 3—15】

A.向　B.对　C.自　D.于　E.把　F.和　G.往　H.被

1)歌声____远而近传来。

2)我真____这件事搞糊涂了。

3)他一直乐____帮助别人。

4)花瓶____风吹倒了。

5)大家都____这个问题感兴趣。

如果用一段文章中的若干句子做题干,也就形成了一种完形填空题,将在介绍完形填空题时具体说明。

(四)配伍题的命题要求

一是题干要有同质性。要想配伍题起到减少猜测因素的作用,有一个重要的前提条件,就是每个选项都要对每个题干有一定的可能性。假设被试能够从形式上看出一道题的正确答案应该是个名词,而另一道题的正确答案应该是个句子,那么且不说这两个正确项不能互相干扰,其他选项也基本不可能做到两个都干扰。所以一组配伍题的题干应该有一定的同质性,这样才可能设计出有双重身份的选项,否则很难产生干扰作用,也就不能减少猜测因素了。从这个角度来说,用配伍题考查词汇、语法等项目可能更方便一些。如果用来考查听力理解或阅读理解,那么试题要尽量在一个层面上。

二是题干与选项的数量都不宜过多。选项最好不要超过 15 项,否则会增加被试答题时的记忆负担,而且会给命题带来不便。

第二节　半客观(半主观)性试题

这类试题介于主观性试题和客观性试题之间,它有主观性试题的特点,即被试的答案是否正确,需要由评分人员做出判断;虽然答案正确与否要由人来主观地判断,但不同的人的判断一般来说是一致的,不会有什么分歧,这显示了这种题型具有一定的客观性。下面我们介绍几种基于语篇层面的常见类型。

一　完形填空题

完形填空题(cloze)是20世纪50年代由Wilson Taylor发明的,最初用来研究读物的可读性,后来逐渐发展成一种语言测验常用的试题类型。

(一)完形填空题的构成

完形填空题的基本组成部分是一篇被删去一些字或词的文章,对被试的要求是把删掉的字或词补出来,这就是所谓的"完形"。

(二)完形填空题的优缺点

1. 优点

完形填空题主要考查的是被试的阅读理解能力,但与也用于考查阅读理解能力的问题型多项选择题有很大不同,它们考查的是阅读能力的不同侧面。做多项选择题时,对被试的刺激是完整的语篇,要求被试输出的是对语篇所传达信息的理解结果。而做完形填空题时,对被试的刺激是不完整的语篇,要求被试输出的是对语篇所携带信息的理解过程。这一点是其他试题类型很难做到的。

2. 缺点

完形填空题(主要是原词填空和可接受词填空这两种类型)及其他半客观(半主观)性试题以及主观性试题都有一个共同的缺点,就是评分费时、费力,这在第一节已经提到了,后面介绍其他类型的半客观(半主观)性试题和主观性试题时不再赘述。

(三)完形填空题的类型

对于不同的语言来说,由于文字不同,可填的空儿也会有一些差异。比如,考查英语就可以设计保留首或尾字母,让被试把其余的字母写出来,或者仅保留词的中间部分让被试填出其余的字母。而这种方式在考查汉语时就很难实现,即使保留一个字的偏旁部首,在试卷排版时也不容易保证被试可以确定偏旁部首的准确位置。还有像删全词并有原形提示的形式,在考查形态变化丰富的语言的时、体、态、单复数等语法知识时是常见的,但是对于没有形态变化或形态变化不丰富的语言来说就不适合使用。这种由于不同语言带来的差异在很多试题类型中都会出现。

下表以汉语和英语为例,对完形填空题的类型进行简单的梳理,之后再对每种类型做具体的介绍。

表3—1 完形填空题的分类

按删词方式划分 \ 按填空方式划分	原词填空 (客观性强)	可接受词填空 (有一定主观性)
定距删词	1.(汉、英)删整个词 2.(英)删半个词	(汉、英)删整个词
特定范围删词	1.(汉、英)删整个词或短语 2.(英)删半个词 3.(英)删整个词并有原形提示	(汉、英)删整个词或短语
自由删词	1.(汉、英)删整个词或短语 2.(英)删半个词	(汉、英)删整个词或短语

1. 按填空方式划分

完形填空题按填空方式可分为原词填空和可接受词填空两类,而这两类题型又都可以和多项选择题或配伍题结合起来使用。

(1)原词填空。原词填空只认可原词,被试只有把被删掉的原词填出来,才算答对，否则算答错。如果被试填出一个词，即使这个词（原词的近义词等）也可以使原文通顺，也仍然算答错。相对于可接受词填空来说，这种题的难度要大一些，但客观性很强。

(2)可接受词填空。可接受词填空是对原词填空的改良，指包括原词在内的所有填入空儿中可使文章完整、顺畅的词都算对。如果被试填出的词不是原词，而是另外一个词，评分人员就要从语法是否正确、意思是否通顺、搭配是否合理和语体是否合适四个角度来判断这个词是否可接受。但这需要评分者较多的主观判断，不能避免不同评分者在判断标准上的宽严不同，导致对同一个词有接受或拒绝两种态度。

(3)完形填空和多项选择相结合。完形填空题和填空型多项选择题可以结合起来使用，每一个空儿都有几个选项供被试选择，其中原词是正确项。多项选择型完形填空题在设计干扰项时比填空型多项选择题要多从篇章知识和背景知识层面考虑，而不要局限于语言知识层面，才能将多项选择题和完形填空题二者的优势都发挥出来。多项选择型完形填空题在试卷排版上要注意尽量将每一个空儿和其对应的选项安排在同一页上，减少被试答题时翻页的麻烦。

(4)完形填空和配伍题相结合。完形填空题也可以和集库型配伍题结合起来，这可视为对多项选择型完形填空题的压缩，但是完形填空题和配伍题的结合比其与多项选择题的结合要逊色一些。首先，除了使用特定范围删词，一套完形填空题应该涉及不同层面、很多考点，所以与配伍题"题干要有同质性"的要求是有一些冲突的。其次，一般一套较长的完形填空题的空儿比较多，干扰项就需要更多，很可能达不到配伍题"题干与选项的数量都不宜过多"的命题要求，就会导致被试在填前面的空儿时负担很重，这也是使用配伍型完形填空题的一个问题。

需要说明的是，如果完形填空和多项选择题或配伍题结合起来，那么这种题型就完全是客观题了。

2. 按删词方式划分

完形填空题按删词方式划分有定距删词、特定范围删词和自由删词三类。

(1)定距删词。定距删词是最初的删词形式，根据随机抽样的原理，每数至第 n 个词将其删掉。对于 n 的数值，比较一致的观点是，在 5—7 区间内是比较适宜的。若小于 5，则文章会过于支离破碎，不利于被试理解；若大于 10，则会降低试题的难度。对于定距删词有一些批评意见。首先，定距删词是比较受限制的，一般每处只能删一个字或词，而其他两种删词方式则可以删一个短语，作为一个空儿。其次，定距删词的考点是随机的，就难以保证整段题目的质量，而且被删去的词可能难以在文章中找到羡余信息来推测，被试无从填出，试题的效度也可想而知。有实验表明，将一篇文章用同样的删词距离做成两套完形填空题，只是删词的起点不同，将这两套题交叉给同一批被试或两批已证明水平相等的被试去做，得出的结果却很不相同。

(2) 特定范围删词。特定范围删词指仅删除某些词性或某一大类的词。其实这种类型已经不是典型意义上的完形填空题了，大部分倒更接近于多了上下文的考查语法、词汇或书写的填空题。

(3) 自由删词。自由删词顾名思义是完形填空题中删词最灵活的，可以避免定距删词和特定范围删词的局限性。自由删词所删词之间的距离要根据实际需要确定，但不宜过短或过长。

（四）完形填空题的命题要求

1. 语料要求

(1) 突出语篇层面。完形填空题的语料一定要能体现语篇连贯性，如果整篇文章大多是缺少过渡、转折、呼应、层次、依赖、连结等关系的一个个简单的句子，就很难命题了。而且文章不宜言简意赅，要有较多的羡余信息，但也不能重复、啰嗦，语言还是要尽量地道、得体。

(2) 内容相对完整。完形填空题的语料不宜过长，一般要控制在 400 字以内，因此就经常需要对文章进行截取。截取时要注意保证留下的语料内容相对完整，不要缺失会影响被试理解的重要信息。

2. 删词要求

一般认为无论使用哪种删词方式，通常首、尾句都不应删词，这样有助于被试理解短文内容。我们认为可以根据被试的水平和文章的难度来灵活把握。定距删词和特定范围删词给命题者的删词空间有限,不再赘述,下面主要介绍自由删词需要注意的问题。

在选择删哪些词时,要注意考虑被试为填出所删词进行的信息加工过程是否能体现其对语篇的理解能力,这样才能充分发挥完形填空题的优势。

【例 3—16】

这只鸭子在很小的时候,就被老鼠咬掉了双脚,主人以为它必死无疑,就没去理会它。谁知,它不但没有死,还慢慢长大了,而且学会了飞行! 每天早晨,它就从巢里直接起飞,到 200 米外的池塘里游泳,晚上再飞回来。

在对这段语料删词时,像"被"这种无需考虑上下文,仅凭句子的意思就可以填出的词就最好不要删,因为单句层次的语法题没有必要用完形填空题来考查。当然这种情况在特定范围删词时是会出现的。

然后选择删除涉及理解的关键词,如与前后内容关系密切的实词"小"、"死"、"飞行"、"回来"和体现语篇转承关系的虚词"谁知"、"而且"等。

【例 3—17】

这只鸭子在很____的时候,就被老鼠咬掉了双脚,主人以为它必____无疑,就没去理会它。____,它不但没有死,还慢慢长大了,____学会了____! 每天早晨,它就从巢里直接起飞,到 200 米外的池塘里游泳,晚上再飞____。

其实选择删哪些词还与填空方式密切相关,在四种填空方式中原词填空删词最受限制,因为要保证被试从上下文中能够找到足够多的信息,而且信息要有很强的排他性,才能保证被试可以填出原词,而不是其同义词或近义词。上面显示的其实是可接受词填空的删词结果,如果改为原词填空,则"谁知"和"飞行"都最好不要删除,因为被试很可能根据上下文填出了"可是"和"飞"等,这并不能说明被试的水平低,但是按照原词填空的要求也不能给分。最不受限制的是多项选择型和配伍型,只要在干扰项中稍加限制,就可以考查出被试是否会利用文章中的羡余信息。还拿上面的文章为例,如果是多项选择型或配伍型的填空方式就可以删掉"鸭子",只要干扰项里没有会飞的动物就可以。

二 成段改错题

成段改错题(proof-reading)也是基于语篇层面的一种常见试题类型,但通常用于考查形态变化丰富的语言,极少在考查没有形态变化或形态变化不丰富的语言时使用。究其原因,主要有两点:第一,语篇层面的错误在没有形态变化或形态变化不丰富的语言中修改的方法往往比较灵活,可能添词、删词、换词都是可接受的改法,这就给评分带来很大麻烦。第二,一些没有形态变化或形态变化不丰富的语言的语法规则在句子层面和在语篇层面的使用是有差异的。比如,汉语的"了"字,在很多孤立的句子中缺少了就不能完句,但是在一段话中往往可以省略,甚至不省略几个"了"还会影响表达。

(一)成段改错题的构成

成段改错题一般是由一篇存在错误的文章和文章右边供被试作答的一列横线组成,要求被试通过对语篇内容的整体理解,发现并改正语篇及其他层面的表达错误。

(二)成段改错题的优缺点

1. 优点

成段改错题主要考查的是在对语篇阅读理解的基础上,被试语言运用的准确性。比起挑错型多项选择题多考查了运用能力,找到错误以后不仅要知道怎么改,还要能正确地写出来。而且使用成段改错题考查被试语言运用的准确性,比使用作文等主观性试题的针对性要强得多。写作文时被试对拿不准的表达可以换个说法绕过去,但是做成段改错题时是绕不过去的,从而可以更准确地考查被试语言运用的水平。

2. 缺点

相较于完形填空题,成段改错题更关注的是形式而非意义。比如,对实词也多限于考查被试能否在语篇中正确使用其不同的词形或固定搭配,而非让被试分辨在语篇中使用该词是否顺畅、得体。因此不论在语篇层面还是在其他层面,试题还是难以脱离以考查语法为主的框框。

(三)成段改错题的类型

按照横线的分布情况可以将成段改错题分成有范围型和无范围型。

1. 有范围型

有范围型是指横线只出现在文章某些行的右边,对可能有错误的行进行了划定,不让被试大海捞针。这样虽然会提高答题速度,但会误导被试只关注可能有错误的行,对他们来说成段改错就变成了单句改错。如果错误是单句层面的,可能答对;如果是语篇层面的,就很难答对。这样必然会影响测验的结果。

2. 无范围型

无范围型是指文章每一行的右边都有横线,被试无从知道哪行有错,哪行没错,必须从头到尾把文章看完。这样考查语篇层面的题目效果会更好。

(四)成段改错题的命题要求

1. 语料要求

成段改错题的语料,最好来自略高于被试语言水平的学习者的笔头作业,再由命题者进行加工。这样既可以保证错误是典型的,又可以控制错误的数量和类型。而且语料要结构分明,有利于考查被试语言运用的准确性。

2. 错误位置要求

一般来说一套成段改错题会出现"错词"、"多词"、"缺词"和"无错"四种情况。为了评分方便,一行应该最多有一处错误,如果有两处就应在适当位置换行,而且"缺词"的位置不要在一行的头尾,以免带来麻烦。

第三节 主观性试题

主观性试题可以分成开放式和半开放式两大类。开放式指试题仅提供对被试进行刺激的信息,对被试反应的内容没有限制,或仅对答案字数或作答时间等有限制。半开放式指试题不仅提供刺激的信息还对反应的内容有较具体的限制。如看图说话;开放式的试题可以只是一幅描述一个故事场景的图画,让被试准备几分钟后自由作答;半开放式的试题可以在图画后给出一句话,让被试准备后接着这句话作答。

在设计题目时,选择开放式试题,还是选择半开放式试题,要考虑目标被试的语言水平。一般对于水平较低的被试,使用半开放式试题能够给被试提供较多的提示,使其能够尽快进入状态,产生较多的反应结果。而对于水平较高的被试,使用开放式试题能够使其自由作答,产生更真实的反应结果。

思考题

1. 你能指出几种减少测验猜测因素的方法?
2. 你能指出几种增加测验客观性的方法?
3. 如果想考查被试使用句子衔接手段的准确性如何,你认为使用哪种或哪些试题类型比较好,为什么?

第四章 预测、选题、拼卷

一般大规模的正式测验在正式考试之前，都要经过预测。试题编写好以后，专家先要筛选、修改，这是一个很主观的工作，全凭经验。为了了解试题的真实属性，我们还需要进行预测。

预测是指在正式考试之前，用已经准备好的试题对有一定代表性的被试样本进行预备测验。经过预测，我们可以找出有问题的题目，例如，措辞不恰当、意义不清楚、指导语不明确的题目；质量好的题目，经过预测可以算出每个题目的难度、区分度，为选题拼卷做好准备。

经过预测和数据分析的题目就可以作为正式题目使用了。在编制一份正式试卷时，我们要根据一定的标准，把内容以及难度和区分度都符合要求的题目选出来，然后按照一定的排列顺序把这些题目编进试卷，这个过程就叫"选题和拼卷"。

第一节 预测的要求和方式

一 被试样本

预测选用的样本要符合以下几个要求：

首先，预测样本要和实测群体同质，也就是说要保证预测样本和实测样本来自同一个团体，保证他们具有相同的特征。每个测验都有自己的目标团体，这个团体具有自己的特征,预测样本也要具有这些特征。例如 HSK 针对的是母语非汉语的人士,预测就不能找母语为汉语的中国人。因为正式考试中被试包括一部分中国少数民族,预测样本中也可以包括中国少数民族,但是数量一定要控制好,不能太多,要和正式考试的比例差不多。

其次,被试数量适中。考虑到成本,预测考试的规模一般比较小,被试样本较少,但是为了满足题目分析的需要,样本也要保证一定数量,一般应该在 100 人以上。如果被试数量太少,很可能代表不了正式考试的被试样本。如果参加预测的被试较少,而且水平都比较低,那么预测后得到的题目参数显示题目过难。而事实上在大样本中这个题目难度是恰当的。所以一定要保证被试数量。只有被试数量多了,才能保证取样的多样性,才能保证各种统计参数有效。预测样本的实际大小可以根据实际情况来定。

再次,动机水平适中。被试的动机也是一个很重要的因素。参与试验的动机可能影响被试的表现。动机太强,可能造成被试紧张,影响发挥,也有可能造成被试超水平发挥。动机太弱,被试态度不认真,可能造成总体成绩偏低。

二 预测的条件

(一)预测条件的要求

预测的硬件、软件都要和正式考试一样。

硬件主要包括考场环境、时间安排、试卷印刷质量等可能影响被试水平的因素。软件包括试题顺序、试题数量、考试指导语、考试程序等,这些都可能影响被试发挥。

如果测验的指导语与进行测验标准化时的样本团体所遵照的指导语不完全相同,则测验所得到的分数与从标准化群体得到的分数含义是不同的。

考试时间也是影响被试水平的因素。例如,在早上举行了一场正式考试,为了方便,预测考试安排在了下午,结果早上参加了考试,下午再继续考,被试很疲惫,出勤率不高,即使参加预测,有的学生也可能做了一部分就坚持不下去,坚持做完的人水平也打了折扣。因此,在安排预测考试的时候也要考虑考试时间这个因素。

预测对主监考人员有较高的要求。除了正式考试中要承担的收发卷、监督作弊等责任外,在预测中主监考人员还要记录考场情况,特别是被试的反应。预测的主要目的是为正式考试积累数据,同时也是为正式考试积累经验。通过预测,可以知道设计的考试程序是否合理,考生是否能准确理解指导语,每部分试题的答题时间是否够用等。这就要求主监考人员认真观察被试的反应,记录下有用的信息。考试结束后,根据这些信息修正考试程序,调整考试时间,修改指导语等。

(二)改进预测条件

开发一个新测验时,可以先进行小规模预测。这种预测即使只有 2 至 3 名被试也要做,目的是检验一下拟定的指导语是否适合被试、各个分测验的时间是否合适、整个测验程序是否合理等。根据主监考人员的记录和被试的反应来调整各项程序。

小规模预测后再进行大规模预测,大规模预测的目的是获得各种数据,如题目难度、区分度、全卷信度等。

先进行小规模预测可以保证大规模预测顺利完成,防止因为测验程序不合理、被试无法理解指导语等原因而无法完成测验任务。在大规模预测中也可以继续观察被试的反应,不断改进测验程序。

三 预测的方式

预测的方式主要有集中预测和分散预测两种。

(一)集中预测

集中预测指的是把所有需要预测的题目拼成一份试卷,在规定的时间里把被试集中起来进行预测考试。集中预测要保证这些被试同时参加预测,最好在同一时间预测完,如果不能保证同一时间有足够的被试,也可以分几次来预测,这时就要做好试题保密工作,确认后参加预测的被试没有从先参加预测的被试那里获知考试内容。

集中预测一定要保证被试的动机水平。参加集中预测的被试可能知道自己参加的是预测考试，也可能不知道。如果被试知道参加的是预测，成绩好坏和自己没什么关系，可能动机就减弱了，不那么认真答题，进而影响题目参数的准确度。如果我们不想让被试知道是预测，可以在课堂上以课堂测验的方式预测。在HSK中，参加预测的被试必须同时报名参加正式考试，预测考试没有成绩，正式报告成绩时，取两次考试中成绩比较好的一次。这样可以有效地保证被试的动机水平。

如果预测的题目比较多，可以把需要预测的题目拼成几份难度相当的试卷。拼卷时靠专业人员的经验来控制难度，保证各份试卷难度一致。同时要保证参加各份预测试卷考试的被试数量基本一致，水平大体相当，同时，分布也要合理。

（二）分散预测

分散预测指的是把需要预测的题目拼到正式考试的卷子里来进行预测。这时被试的动机和正式考试一样。被试可能知道题目数量比较多，可是他并不知道哪些题目是预测题，哪些是正式考试的试题，被试的动机没有问题。例如，HSK（初、中等）共有170题，如果加入30道预测题，这次分散预测考试的试卷就一共有200道题目。被试并不知道哪些题目是预测题，对所有的考试题目都认真对待。这时得到的题目分析数据就比较可靠，真实。

分散预测的缺点是一次不能加入太多的预测题目。假如一次预测中，我们给HSK（初、中等）170道题加了100道预测题，考试时间也相应延长了，由原来的145分钟变成了220分钟。由于时间大大延长，被试可能产生疲劳效应，状态下降，从而导致得到的题目参数不可靠。

另外这种预测方式效率比较低。因为要在正式考试中加入预测题目，所以要求正式考试的人数必须达到一定数量。如果正式考试的规模较小，就满足不了预测对样本的要求。另外，由于每次加在正式试卷中的题数不能太多，所以预测的题目数量有限。这也要求正式考试的被试数量比较大时，才能采用这种预测方式。

可以看出,同样多的题目用分散预测方式成本比集中预测方式要高得多。例如,有 200 个预测题,如果我们采用分散预测的方式,一份试卷中加入 40 个预测题,那么需要 5 份正式试卷才够。每份试卷要 150 名被试的话,5 份试卷一共最少要求 750 名被试;如果我们采用集中预测的方式,这 200 道题可以编成一份预测卷,一共要 150 名被试就足够了。集中预测的效率比分散预测的效率要高得多,但采用集中预测方式要注意控制好被试的动机,防止动机水平过低导致题目参数不可靠。

如果采取分散预测的方式,预测题的分数不能加到总分中,要另外计算。因为这些题目还是毛坯题,质量没有保证,只有经过预测、分析和修改后才能拼入正式卷。

第二节 题目分析

一 难易度

(一)题目的难易度

1. 二值计分题目难易度

在经典测验理论中,每道题目都有自己的难易度(item facility),通常称作难度。题目的难度就是这道题目的答对率,所以难易度其实是题目的"易度"。

如果一个题目是二值计分的,答对得 1 分,答错或者没答得 0 分,可根据下面的公式计算题目难度:

$$P = \frac{答对的人数}{参加考试的人数} \quad (公式 4-1)$$

其中,P 代表的是题目的难度。P 的取值范围是 0 到 1。如果全部参加考试的人都没有答对这道题目,P 值最低,是 0,说明这道题目很难;如果全部参加考试的人都答对这道题目了,P 值最高,是 1,说明这道题目非常容易。难度是可以比较的。P 值越高,说明题目越简单;P 值越低,说明题目越难。

以通过率来表示的题目难度处于顺序量表水平,也就是说,通过率只能表示题目难度的等级顺序,不能表示差异大小。例如,有三个题目,它们的难度分别是 0.7、0.5 和 0.3。我们能够得出结论:在这三个题目中,第三个最难,第二个次之,第一个最简单。虽然 0.7−0.5=0.5−0.3,但我们不能说第一个题目和第二个题目的难度差异与第二个和第三个题目的难度差异相等。

2. 非二值计分题目难易度

测验中有时会包括一些分值较大的题目,如问答题等,这种题目的总分可能是几分、十几分或者几十分。每道题目不是只有答对和答错两种结果,而是可能有 0 分到满分的很多种结果。当题目不是二值计分时,计算题目难易度,可以用下面的公式:

$$P = \frac{\overline{X}}{X_{\max}} \qquad (公式 4-2)$$

其中,P 代表题目难度,$\overline{X}$ 表示全体考生在这道题目上的平均得分,$X_{\max}$ 表示这道题目的满分分数。P 的取值范围是 0 到 1。可以看出,同样也是 P 值越大,题目越容易;P 值越小,题目越难。

【例 4−1】

某道问答题的满分是 30 分,全体考生在这道题目上的平均得分是 15 分,那么这道题目的难度是 0.5。

$$P = \frac{15}{30} = 0.5$$

二值计分题目难易度的计算也可以用公式 4−2。当题目是二值计分时,$X_{\max}$ 的值是 1,公式 4−2 就变成:

$$P = \overline{X} = \frac{\sum X_i}{N} \qquad (公式 4-3)$$

其中,$\sum$ 是个连加符号,$\sum X_i$ 是答对人的分数的总和。因为每题 1 分,所

以 $\sum X_i$ 也就是答对的人数。N 是全部被试的人数,公式 4—3 和公式 4—1 一样了。由此可知,二值计分题目计算难易度是非二值计分题目计算难易度的一个特例。

3. 多项选择题目难度的校正

被试做多项选择题时,如果根本不会这道题,他也可能随便猜一个答案,而这个答案有可能是正确答案。受到猜测因素影响,被试正确作答的概率增加。备选答案越少,猜测因素的影响越大。一个四选一的选择题被试正确作答的概率大于一个五选一的选择题。为了消除猜测因素的影响,我们可以对难度系数进行校正。此时,可用下面的公式计算题目难度:

$$CP = \frac{kP-1}{k-1} \qquad \text{(公式 4—4)}$$

其中 CP 是经过校正后的题目难度系数,k 是备选答案的数目,P 是未经校正的题目难度系数。

如果要比较几个备选答案数目不同的题目的难度,必须用公式 4—4 校正后才能比较。

【例 4—2】

题目一未经校正的难度是 0.5,备选答案有 5 个。题目二未经校正的难度是 0.53,可供选择的答案有 4 个。

看起来题目一难一些,题目二简单些。根据公式 4—4,我们计算一下两个题目校正后的题目难度:

题目一:$CP = \dfrac{5 \times 0.5 - 1}{5 - 1} = 0.38$

题目二:$CP = \dfrac{4 \times 0.53 - 1}{4 - 1} = 0.37$

比较校正后的难度,第一题比第二题稍容易一点,结论与校正前正好相反。可见,在备选答案不同的情况下,要比较题目难度必须先经过校正,这样才能排除猜测因素的影响。

(二)试卷的难易度

P 表示的是答对人数的百分比,百分比是一个顺序量表变量,只表示难度的位次,不能表示差异大小,也不能进行加减运算。在计算全卷难度时,我们认为题目难度的单位是相等的,因为测验的对象是同一个样本。因此,同一份试卷的不同题目,在同一个被试样本中,其难度是可以比较的。知道了每个题目的难度后,我们可以根据下面的公式计算出全卷的难度。

$$\overline{P} = \frac{\sum P_i}{m}$$
(公式 4—5)

其中 $\overline{P}$ 代表的是全卷的难度,P_i 代表的是第 i 个题目的难度,m 代表的是整个试卷的题数,$\sum P_i$ 表示整个卷子题目的难度连加之和。也就是说,把整个卷子题目的难度系数加起来除以全卷题目数量就是全卷的难度。例如,一份试卷有 150 道题,把这 150 道题的难度系数连加起来除以 150 就是全卷的难度系数。在大规模的标准化考试中,全卷的难度系数一般控制在 0.5 左右。

(三)题目难度的等距量表

题目难度一般用通过人数的百分比表示,这是个顺序量表水平的数值,只能表示难度的大小、位次顺序,没有一个统一的单位,不能表示事物之间的差异大小。这种数据用来比较题目之间难度的大小没有问题,但如果我们要在难度和其他变量之间建立某种函数关系,这种类型的数据就满足不了需要了。

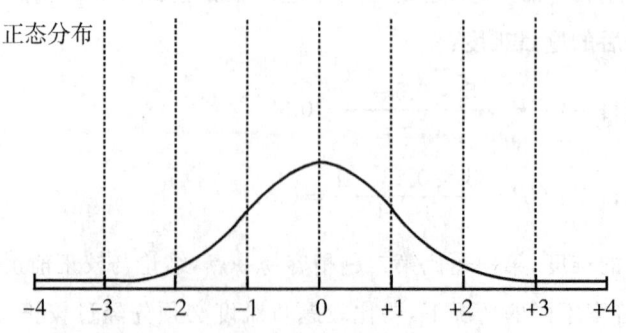

图 4—1 标准正态分布

因为处于顺序量表水平的数据不能进行加减运算,所以必须把它转换到更高水平的量表上。

当样本量足够大时,被试分数呈正态分布。图4—1就是一个标准的正态分布(正态曲线),横轴上的刻度是标准差σ。我们把难度值P当作正态曲线下的面积,查正态分布表,可以得到以标准差σ为单位的Z值。Z值是一个等距量表数据。

正态分布是对称的,这在转换中有两个问题:一是我们该从正态曲线的哪边开始计算面积?二是难度在平均数之下时,经过转换的Z值是个负数。

P值越大,题目越简单;P值越小,题目越难。为了适合人们的习惯,我们转换Z值时从右向左而行取正态曲线下的面积,根据面积查表得到Z值。

【例4—3】

题目一的难度值是0.8413,题目二的难度值是0.5000,题目三的难度值是0.1587。把它们的难度值转换成等距量表的Z值。

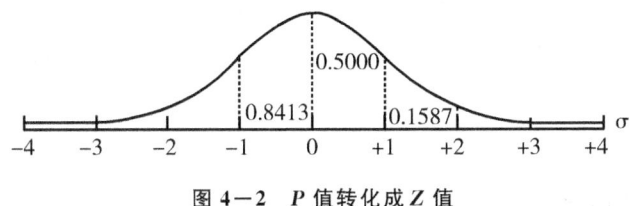

图4—2 P值转化成Z值

根据图4—2,难度大于0.5000的题目Z值是负数,小于0.5000的题目Z值是正数。题目一0.8413—0.5000=0.3413,查正态分布表得Z值是1。因为$P>0.5000$,Z值加负号,所以题目一的难度Z值是—1。难度正好是0.5000的题目二难度处于正态分布的对称轴上,Z值为0。题目三0.5000—0.1587=0.3413,查表得Z值为1。因为$P<0.5000$,Z值为正,所以题目三的难度Z值是1。

经过转换,Z值越大的题目越难,答对的人数越少。但是经过转换Z值出现了负值和0,这不符合人们的习惯。为了避免负号出现,我们可以采用下面两种方法:

第一种方法是在已经转换好的 Z 值上加一个常数5，可以表示为：

$$Z' = Z + 5 \quad \text{（公式 4—6）}$$

这样基本可以避免难度值为负的情形，因为标准正态分布下，Z 分数为 -5 的概率只有千万分之六，相当罕见。

当难度 Z 值为 0 时，50%的被试答对，这时难度 Z' 的值是 5。标准正态分布一般包括 -3 到 $+3$ 标准差的范围，所以 Z' 的全距是 2 到 8，平均数为 5，标准差为 1。

第二种方法是 ETS 采用的转换方法，将 Z 值乘以 4，再加 13，用公式表示为：

$$\Delta = 4Z + 13 \quad \text{（公式 4—7）}$$

其中 Δ 代表的是正态化后等距量表上的难度值；4 为转换后正态分布上的标准差；13 为转换后正态分布上的平均数。

标准正态分布一般覆盖 -3 到 $+3$ 共 6 个标准差。$Z = -3$ 时，Δ 的值为 1；$Z = 3$ 时，Δ 的值为 25。可见，难度 Δ 值的全距为 1 到 25，比第一种方法精确度提高了。

（四）计算题目难度的其他方法

除了以上用被试的通过率表示题目难度以外，还可以用高低分组答对人数比率的平均数来表示题目难度。具体做法是：把参加测验的所有被试的总分按高低排序，得分最高的 27% 形成高分组，得分最低的 27% 形成低分组，然后以高分组和低分组在某题上的答对率的平均数作为该题的难度系数。用公式可以表示为：

$$P = \frac{P_H + P_L}{2} \quad \text{（公式 4—8）}$$

其中，P_H 代表的是高分组某题答对人数的比率；P_L 代表的是低分组某题答对人数的比率。根据公式 4—8，P 的取值范围是 0 到 1。

取 27% 作为高分组和低分组的标准,有时也可以取 1/2、1/3、1/4 的比例,但是取 27% 是最精确的,这是经过 Kelley(1939)研究得出的结论。

【例 4—4】

有 370 名被试,其中成绩最高的 100 人作为高分组,成绩最低的 100 人作为低分组,在第 12 题上,高分组有 16 人答对了,低分组有 30 人答对。

第 12 题的难度值为:

$$P = \frac{16/100 + 30/100}{2} = \frac{0.16 + 0.3}{2} = 0.23$$

二 区分度

区分度(discrimination)指的是题目对不同水平被试的区分能力和鉴别能力,它是表示题目质量的最重要的指标。一个题目的质量好坏,主要取决于题目的区分度,区分度高它的质量就高,区分度低它的质量就低。一个区分度高的题目,能力高的被试答对的可能性大,能力低的被试答错的可能性大,这道题目可以区分被试水平的高低。而一个区分度低的题目,能力高的被试答不对,可是能力低的被试却答对了,说明这个题目不能区分被试的能力水平,这个题目是有问题的。

(一)试题的区分度

1. 方差法

被试分数在某个题目上的方差或标准差就是一种衡量题目区分度的指标。

二值(0、1)计分情况下,被试答对得 1 分,题目难度 P 值其实就是全体被试在这道题目上的平均得分。

全体被试在这道题目上分布的方差可根据计算方差的公式得出:

$$\sigma^2 = \frac{\sum X^2 - (\sum X)^2/N}{N} \qquad \text{(公式 4—9)}$$

其中,X 表示的是每个被试在这道题目上的得分;N 表示的是被试人数。

在二值计分情况下，$\sum X^2$ 的值是 NP，$\sum X$ 的值也是 NP，公式 4—9 就变成：

$$\sigma^2 = \frac{NP - (NP)^2/N}{N} = P - P^2 = P(1-P) \qquad （公式 4—10）$$

从以上推导可知，每道题目的方差等于答对率和答错率的乘积。用 q 表示答错率，$q = 1 - p$。公式 4—10 可以写成：

$$\sigma^2 = pq \qquad （公式 4—11）$$

由此可知，计算题目的标准差公式为：

$$\sigma = \sqrt{pq} \qquad （公式 4—12）$$

题目方差表示的是所有被试在这道题目上的离散程度。方差越大，说明被试团体离散程度越大，也就是说这道题目可以把所有被试区分开；方差越小，说明被试离散程度越小，这道题目不能有效地把被试区分开。区分能力大的试题能区分能力高和能力低的被试，其质量高，正是我们想要的试题。区分能力差的试题不能区别被试能力水平高低，其质量差。我们称题目对被试的区分能力为区分度，题目方差可以作为表示题目区分度大小的指标。

由公式 4—11 和 4—12 可以看出，当题目的难度值为 0.5 时，题目的方差达到最大值 0.25。因此，中等难度，即难度指数在 0.5 左右的题目区分能力最大。

如果一道题目所有的被试都能答对，它的难度 p 值为 1，根据公式 4—11，方差为 0；如果一道题目没有一个被试能答对，它的难度 p 值为 0，根据公式 4—11，方差也为 0。说明这两道题目没有区分能力，质量很差。

当题目的难度值为 0.5 时，题目区分能力最大，也可以直观地这样理解：如果 100 名被试全部答对（或全答错）一个题目，该题目提供的区分信息是 $100 \times 0 = 0$，反映不出任何被试之间的差异；如果有 99 人答对，1 人答错，就产生了 $99 \times 1 = 99$ 个差异，提供了 99 个区分信息；如果 98 人答对，2 人答错，就产生了 $98 \times 2 = 196$ 个差异。依此类推，当有 50 个人答对，50 个人答错时，就

产生了 $50 \times 50 = 2500$ 个差异,在每个答对和答错者之间都存在一个差异。

2. 极端分组法

极端分组法只能用于计算 0、1 二值计分题目的区分度,计算非常简单。把所有被试在这道题目上的分数按高低排序,分别取出一个高分组和一个低分组。当被试人数较少时,我们可以把得分高的 1/2 作为高分组,余下的 1/2 作为低分组。如果被试样本足够大,一般我们把分数最高的 27% 作为高分组,分数最低的 27% 作为低分组。高分组和低分组的人数比例也可能是 1/2、1/3 或者其他比例。分组时要注意的一点是,无论分组的比例是多少,高分组和低分组的人数都应该相等。计算公式如下:

$$D = P_H - P_L \qquad (公式 4-13)$$

其中,D 表示的是区分度指数;P_H 表示的是高分组在这道题目上的通过率,$P_H = \dfrac{高分组答对的人数}{高分组总人数}$;$P_L$ 表示的是低分组在这道题目上的通过率,$P_L = \dfrac{低分组答对的人数}{低分组总人数}$。

因为高分组总人数和低分组总人数总是相等的,公式 4-13 也可以写成:

$$D = \dfrac{高分组答对人数 - 低分组答对人数}{一组总人数} \qquad (公式 4-14)$$

由公式 4-13 可知,D 的取值范围是 -1 到 +1。当高分组全部答对、低分组没有人答对时,高分组答对人数和一组总人数相等,低分组答对人数为 0,D 为 1。当低分组全部答对、高分组没有人答对时,低分组答对人数和一组总人数相等,高分组答对人数为 0,D 为 -1。D 值越大,说明题目质量越高。

当低分组答对人数比高分组答对人数多时,区分度 D 值为负。当两组答对人数相等时,D 值为 0。这两种情况都说明题目质量有问题。

【例 4-5】

某测验被试共 180 人,高分组和低分组各取 27% 为 50 人,高分组 50 人全部答对,低分组有 10 人答对。

根据公式 4-14,则该题目的区分度 D 值为:

$$D = \frac{50-10}{50} = 0.8$$

3. 题目与总分的相关

(1)点双列相关系数。点双列相关系数的基本思想是:如果一个被试测验总分的分数高,他答对一道特定题目的概率高;如果被试测验总分低,他答对一道特定题目的概率就低。对一个题目来说,如果答对它的人总分高,答错它的人总分低,那么这个题的区分度就高。如果一个题目对被试的总分有贡献,这就是一道好题。如果被试总分得分很高,而在某个题目上没有得分,说明这个题目对总分没有贡献,那么这个题目区分度一定不高。

对于由 0、1 二值计分的题目组成的测验来说,测验总分是个连续变量,被试在每道题目上的得分是个二分变量。因此每个试题和测验总分的关系可以用点双列相关来表示,其计算公式如下:

$$r_{pbis} = \frac{\overline{X}_p - \overline{X}_q}{SD} \sqrt{pq} \qquad \text{(公式 4-15)}$$

其中, r_{pbis} 指的是点双列相关系数; $\overline{X}_p$ 指的是答对该题的所有被试的总分平均分; $\overline{X}_q$ 指的是答错该题的所有被试的总分平均分; p 指的是答对该题的人数比率; q 指的是答错该题的人数比率; SD 指的是所有被试测验总分的标准差。

【例 4-6】

某测验中的第 5 题,180 名被试中有 100 人答对,80 人答错,答对的人数比率为 0.556,答错的人数比率为 0.444,该题答对的那些被试总分的平均数为 73,该题答错的那些被试测验总分的平均数为 41.25,所有被试测验总分的标准差为 24.24。根据公式 4-15,该题的点双列相关系数为:

$$r_{pbis} = \frac{73-41.25}{24.24} \sqrt{0.556 \times 0.444} = 0.65$$

由公式 4-15 还可以推出另外三个计算点双列相关系数的等价公式:

$$r_{pbis} = \frac{\overline{X}_p - \overline{X}_t}{SD} \sqrt{\frac{p}{q}} \qquad \text{(公式 4-16a)}$$

$$r_{pbis} = \frac{\overline{X}_p - \overline{X}_q}{nSD}\sqrt{n_p n_q} \qquad \text{(公式 4-16b)}$$

$$r_{pbis} = \frac{\overline{X}_p - \overline{X}_q}{SD}\sqrt{\frac{n_p}{n_q}} \qquad \text{(公式 4-16c)}$$

其中，$\overline{X}_t$ 指的是所有被试测验总分的平均数；n_p 指的是某题答对的人数；n_q 指的是某题答错的人数；n 指的是所有被试数；其他符号的含义与公式 4-15 中相同。

（2）双列相关系数。题目和总分的相关也可以用双列相关来表示。计算公式如下：

$$r_{bis} = \frac{\overline{X}_p - \overline{X}_q}{SD} \times \frac{pq}{y} \qquad \text{(公式 4-17)}$$

其中，r_{bis} 指的是双列相关系数；y 指的是正态分布中 p 值对应的纵线高度，可通过查表得出；其他符号的含义与公式 4-15 中相同。

【例 4-7】

某测验中的第 5 题，答对的人数比率为 0.556，答错的人数比率为 0.444，该题答对的那些被试总分的平均数为 73，该题答错的那些被试测验总分的平均数为 41.25，所有被试测验总分的标准差为 24.24。

根据 $p=0.556$ 查正态分布面积与高度表（统计学教材大都附有此表），$0.556-0.5=0.056$ 为面积，查表得知，和 0.056 相对应的 y 值为 0.39505，将以上数据代入公式 4-17，则该题的双列相关系数为：

$$r_{bis} = \frac{73 - 41.25}{24.24} \times \frac{0.556 \times 0.444}{0.39505} = 0.82$$

根据公式 4-17，还可以推导出计算双列相关系数的等价公式：

$$r_{bis} = \frac{\overline{X}_p - \overline{X}_t}{SD} \times \frac{p}{y} \qquad \text{(公式 4-18)}$$

其中，y 指的是正态分布中 p 值对应的纵线高度，可通过查表得出；其他符号的含义与公式 4-16 中相同。

(3)非二值计分题目的区分度。如果一个题目非 0、1 二值计分,而是一个多值计分题目,如主观性题目,这种题目的分数通常是个连续变量,那么可以用下面的公式计算区分度:

$$r = \frac{\sum XY - (\sum X)(\sum Y)/n}{\sqrt{\sum X^2 - (\sum X)^2/n} \times \sqrt{\sum Y^2 - (\sum Y)^2/n}}$$ (公式 4-19)

其中,r 指的是积矩相关系数(在此表示的是区分度);X 指的是某个被试在某一题目上的得分;Y 指的是某个被试的测验总分;n 表示被试的总人数。

【例 4-8】

某测验第 1 题的有关数据为 $\sum X = 73$,$\sum X^2 = 485$,$n = 12$,$\overline{X} = 6.083$,测验总分的有关数据为 $\sum Y = 840$,$\sum Y^2 = 59820$,$n = 12$,$\overline{Y} = 70$,所有被试第 1 题得分与其总分乘积之和 $\sum XY = 5168$。

根据公式 4-19,该题的区分度为:

$$r = \frac{5168 - 73 \times 840/12}{\sqrt{485 - 73^2/12} \times \sqrt{59820 - 840^2/12}} = 0.284$$

公式 4-19 还有一个等价公式:

$$r = \frac{\sum XY - n\overline{X}\,\overline{Y}}{nSD_X SD_Y}$$ (公式 4-20)

其中,$\overline{X}$ 指的是所有被试在某题上得分的平均数;$\overline{Y}$ 指的是所有被试测验总分的平均数;SD_X 指的是所有被试在某题上得分的标准差;SD_Y 指的是所有被试测验总分的标准差;其他字母含义与公式 4-19 中相同。

4. 题目的组间相关

题目的组间相关又称为项目间的相互相关,指的是一个测验中各个题目之间的相互关系。二值计分的题目的组间相关用四项相关和 Φ 相关表示,非二值计分的题目用积矩相关表示。

(1)二值计分题目的组间相关。

第四章 预测、选题、拼卷

```
              第 i 题
              0    1
       ┌─────┬─────┐
   1   │  A  │  B  │   A+B
第 j 题 ├─────┼─────┤
   0   │  C  │  D  │   C+D
       └─────┴─────┘
        A+C   B+D
```

图 4-3 计算组间相关

A 表示第 i 题答错而第 j 题答对的人数，B 表示两题都答对的人数，C 表示两题都答错的人数，D 表示第 i 题答对而第 j 题答错的人数。可以用这几个指标计算四项相关和 Φ 相关。计算公式如下：

四项相关： $r_t = \cos(\dfrac{\sqrt{AD}}{\sqrt{AD}+\sqrt{BC}} 180°)$ （公式 4-21）

Φ 相关： $r_\phi = \dfrac{BC - AD}{\sqrt{(A+B)(C+D)(A+C)(B+D)}}$ （公式 4-22）

【例 4-9】

有两道题目的回答情况如下：

```
              第 1 题
              0    1
       ┌─────┬─────┐
   1   │  2  │  4  │   6
第 2 题 ├─────┼─────┤
   0   │ 24  │  2  │  26
       └─────┴─────┘
        26    6
```

第 1 题和第 2 题的组间相关是：

$$r_t = \cos(\dfrac{\sqrt{2\times 2}}{\sqrt{2\times 2}+\sqrt{4\times 24}} 180°) = \cos(\dfrac{2}{2+9.80}\times 180°) = \cos(30.5°)$$
$$= 0.86$$

它们的 Φ 相关是：

$$r_\phi = \dfrac{4\times 24 - 2\times 2}{\sqrt{6\times 26\times 26\times 6}} = 0.59$$

(2) 非二值计分题目的组间相关。

因为被试在某个非二值计分题目上的得分可以看作是一个正态连续变量,所以可以用积矩相关来估计题目组间相关,公式为:

$$r=\frac{\sum X_1 X_2 - (\sum X_1)(\sum X_2)/n}{\sqrt{\sum X_1^2 - (\sum X_1)^2/n} \times \sqrt{\sum X_2^2 - (\sum X_2)^2/n}} \quad (公式 4-23)$$

其中,r 是积矩相关;X_1 是被试在题目 1 上的得分;X_2 是被试在题目 2 上的得分;n 是被试的总人数。

一个测验包含 K 个试题,每对试题之间的组间相关共有 $\frac{K(K-1)}{2}$ 个。如果题目的编写质量不高,有时候会出现这样的情况:前一个题目会给后一个题目提供答题线索或暗示,因而答对了前一个题就自然能答对后一个题,这样一来,后一个题目就是完全无效的。如果出现这样的情况,这两个题目之间就会有很高的相关,组间相关可以用来检测试卷中相关太高、高度依赖的题目。

5. 常用区分度指数的比较

(1) 双列相关的优点和点双列相关的缺点。同样的题目施测于不同的被试群体,得到的双列相关和点双列相关不同。但是双列相关比点双列相关更稳定,也就是说,在被试群体变化时,双列相关的变化比点双列的变化小。在理想的条件下,如果满足一些必需的假设,一个题目的双列相关应该是不变的。但是点双列相关不具备这个特点,对于水平不同的被试,点双列相关一定不同。而且施测于某一个被试团体点双列相关较小,并不说明施测于其他水平的团体时点双列相关也较小,很有可能会变大。

以往的一些研究以及经验证实,对一个特定的被试群体,那些非常难和非常容易的题目,通常点双列相关不会高。如果这些题目施测于能力稍高或者稍低的被试群体,它们的点双列相关通常会变大。

(2) D 值的优点和点双列、双列相关的缺点。极端分组法(D 值)的优点是计算简便,用手工都可以完成。如果样本比较小,对题目质量的要求又不太高的话,可以使用这种方法。它的缺点是不够精确,而且容易受到极端值(极大值和极小值)的影响。点双列相关和双列相关都克服了 D 值的缺点,比较精确可靠,但它们计算起来非常复杂,必须使用专门的软件(Mcat 等)或者专门编写程序才能完成计算。另外计算点双列相关和双列相关都要求连续变量呈正态分布,这就要求较大的样本量。样本太小,计算的结果就不够准确。一般来说,点双列相关大于等于 0.2、双列相关和 D 值大于 0.3 的题目,被认为是区分度较高、质量较好的题目。

(3)组间相关的缺陷。组间相关是试卷中两个题目之间的相关。如果组间相关高,整个试卷的信度就比较高。但是在预测时,我们一般并不使用组间相关,这是因为预测后只有部分试题能进入正式试卷。例如,题目 g 和 h 的组间相关系数 r_{gh} 很高,但是题目 g 没有进入正式试卷,只有题目 h 拼进了正式试卷,那么相关系数 r_{gh} 并不能预测题目 h 在正式试卷中是否稳定。

(二)试卷的区分度

上面谈到的计算试题区分度的方法本质上都是计算相关系数。我们对整个试卷做评价时,也要计算试卷的区分度。由各个题目的区分度求全卷的区分度时,不能简单采用求平均数的方法。因为相关系数不是等距的尺度,必须将其转换成等距的尺度后再求平均数才有意义。

相关系数取值的大小只表示相关的强弱程度。如果相关系数的绝对值在 1.00 与 0 之间,则表示不同程度的相关。绝对值接近 1.00,一般相关程度密切;接近 0,一般相关程度不够密切。如果 A 和 B 的相关系数为 0.4,C 和 B 的相关系数为 0.2,我们只能判定 A 和 B 之间的关系比 C 和 B 之间的关系更密切,但是,我们决不能说 A、B 之间的密切程度是 B、C 之间的密切程度的两倍。合成相关系数之前必须先把相关系数转化到等距量表上。

转化相关系数一般采用 Z—r 转换法,也称费舍尔转换。把各个题目的相关系数看作 r,可以查费舍尔 Z—r 转换表,查出各自对应的 Z 值;也可以使用公式计算 r 对应的 Z 值:

$$Z = \frac{1}{2}\ln(\frac{1+r}{1-r}) \qquad \text{(公式 4-24)}$$

计算整个试卷的平均双列相关系数和平均点双列相关系数,可以使用下面的公式:

$$R_{bis} = \frac{(e^{\frac{2z}{N}}) - 1}{(e^{\frac{2z}{N}}) + 1} \qquad (公式\ 4-25)$$

其中,$Z = \frac{1}{2} \sum_{i=1}^{N} (\ln(1 + r_i) - \ln(1 - r_i))$;N 表示的是试卷的总题数;$r_i$ 表示的是第 i 小题的区分度值;e 是自然对数的底。

(三)教学敏感性

一般说来,上面一些计算区分度的方法适用于能力测验或水平测验,不适用于成绩测验。能力测验的目的是要确定被试在常模团体中的相对位置,所以能力测验或水平测验要把被试的能力做尽可能细的区分,尽可能地把被试的差距拉开。为了达到这个目的,这种测验就要选用区分度高的题目。要想使区分度高,题目的答对率就必须控制在一定水平。当答对率为 0.5 时,题目的区分度一般会比较高。因此在能力测验和水平测验中,中等难度的题目比较多,整个测验的难度大都保持在 0.5 左右。

而成绩测验和能力测验不同,成绩测验的目的是为了检查学生是否完成了预先规定的教学内容或目标。题目的范围、难度等取决于教学的内容和目标。一般情况下,教学中的成绩测验要求有较高的答对率或通过率,区分度对这种测验的意义不大。例如,假定教学内容及目标较为简单,那么,题目也就必然比较容易。在这种情况下,有可能所有被试都能答对某一题目,题目的答对率为 100%,没有提供任何区分信息,区分度为 0。在能力测验中,这道题目是无效的,但是在成绩测验中,该题还是有效的。由此可见,上面提到的计算区分度的方法不适用于成绩测验。

为了解决这个问题,我们可以用"教学敏感性"来表示成绩测验的区分度。教学敏感性的假设是:教学前,被试不熟悉教学内容和目标,答对试题的可能性非常小;教学后,被试掌握了教学内容,答对的可能性很大。

0、1 二值计分情况下,教学敏感性用教学前测验和教学后测验答对的人

数做比较,被试为同一组学生,其公式为:

$$D = P_{post} - P_{pre} \quad \text{(公式 4-26)}$$

其中,D 指的是题目的教学敏感性指数;P_{post} 指的是教学后答对某题的人数比率;P_{pre} 指的是教学前答对某题的人数比率。

公式 4-26 还有一个等价公式:

$$D = \frac{R_{post} - R_{pre}}{N} \quad \text{(公式 4-27)}$$

其中,R_{post} 指的是教学后答对某题的人数;R_{pre} 指的是教学前答对某题的人数;N 指的是参加答题的人数。

【例 4-10】

某测验第 2 题,教学前 80 个学生有 40 个答对,教学后 80 个人都答对了。

根据公式 4-27,D 值为:

$$D = \frac{80 - 40}{80} = 0.5$$

可以看出,D 值的取值范围是 -1 到 +1。D 值越接近 +1,题目的教学敏感性越高;当 D 值为 0 或负值时,说明这个题目不能反映教学效果,是个质量差的题目。

对于非二值计分的情况,教学敏感性可以用教学前测验和教学后测验被试分数的变化来表示。被试可以分为两组:高水平组 U,这一组的测验总分达到了教学目标(也就是这一组被试教学后测验的总分都及格了),掌握了教学内容;低水平组 L,被试的测验总分未达到教学目标(也就是这一组被试教学后测验的总分都不及格)。高水平组 U 和低水平组 L 的人数不一定相等。计算公式为:

$$D = \frac{U_p}{U} - \frac{L_p}{L} \quad \text{(公式 4-28)}$$

其中,U_p 表示的是高水平组答对的人数;L_p 表示的是低水平组答对的人数;

U 表示的是高水平组的人数；L 表示的是低水平组的人数。

人们还可以根据外部效标来划分高分组和低分组。例如，在标准参照成绩测验中，被试可以被分为两组：接受过该考试科目指导的被试组 U 与没有接受过该考试科目指导的被试组 L。U 组和 L 组也可以是同一组被试，没有接受指导前是 L 组，接受指导之后是 U 组。无论哪种情况，都可以用公式 4—28 计算题目区分度指标。

三　选项的分布

对多项选择题进行题目分析通常是首先计算每个题目的难度和区分度，之后再分析各个选项，主要是干扰选项的功能。

区分度可以提供干扰项整体功能的一些信息。区分度高说明高水平的被试倾向于选择正确答案，而低水平的被试倾向于选择某个干扰项。区分度低说明和低水平被试相比，有更多高水平被试选择了干扰项。但是区分度的大小并不能说明干扰项是否成功。

干扰项的功能是干扰水平不高的被试。多项选择题的基本假设是：水平高的被试不被干扰，能做出正确的选择；而水平不高的被试会受到干扰，做出错误的选择。干扰项的作用就在于此。

在设计、编写题目时，我们往往把被试容易犯的典型错误放在干扰项里，每个干扰项都是被试容易出的错。这样，水平不高的被试就会被这个或那个选项迷惑住。从整个题目看，如果每个干扰项都能迷惑住一些水平不高的被试，而水平高的被试不被迷惑，这样的题区分度一定高，一定是好题。这是我们设计多项选择题的初衷，但并非所有的题目都有这样好的性能。

性能不好的题会在题目分析结果中显示出来。一种表现是有的干扰选项没有人选，说明这个干扰选项是无效的。我们可以从猜测的角度考虑这个问题。一个题有 4 个选项，如果被试答题时不靠自己的能力，而是仅凭猜测，那么他答对一个题的概率是 25%；如果有一个选项根本没人选，这个题实际从 4 选 1 变成 3 选 1 了，这时，猜对这个题目的概率就变成了 33%；如果有两个选项没人选，猜对的概率就变成 50% 了。从另一个角度说，如果某个选项没有人选，那这个选项就没起作用,也就毫无意义。题目性能不好的另一个表现是,选对和选错的被试在水平上没有差别,甚至是高水平被试多数选错,而低水平被试多数选对。这种情况表明,一部分高水平的被试被干扰项迷惑住了。这样的题目区分度会是很低的,甚至区分度是负。出现这种情况的原因可能是多方面的,如题目太难、题目太容易、某个干扰项迷惑性太强等。

下面,我们来看一个好题的分析结果。该题的内容我们省略掉了,但题目分析的数据都是真实的。

表4-1的参数表明,这是一个难度中等、区分度很高的题。这个题在两个水平不同的被试团体中进行预测,一个是一年级,一个是二年级,二年级的总

表4-1　一个好题的题目参数(张凯,2002b)

题目分析报表				
题目编号 IT96CR2-122		标准答案:D		题目质量:合格
题目正文(略)	一年级组			
	考生数:195	难易度:0.4769		区分度:0.5199
	选项	人数	平均分数	双列相关	点双列相关
	A	27	18.15	0.2840	0.1818
	B	31	19.19	0.2070	0.1369
	C	44	16.66	0.4890	0.3513
	D	93	25.68	0.6520	0.5199
	E	0	0.00	0.0000	0.0000
	二年级组			
	考生数:82	难易度:0.6585		区分度:0.4333
	选项	人数	平均分数	双列相关	点双列相关
	A	8	21.63	0.5840	0.3393
	B	9	25.22	0.3140	0.1885
	C	11	26.64	0.2120	0.1347
	D	54	31.39	0.5600	0.4333
	E	0	0.00	0.0000	0.0000
报告人:××考试中心			报告日期:1996年×年×日	

体水平比一年级高，这是不言而喻的。该题在一年级组中的难度是0.4769，在二年级组中的难度是0.6585，说明二年级水平比一年级高，对题目本身来说，这恰恰说明两组被试对它的反应都是正常的，从而说明题目本身是正常的。

接下来看干扰项是否性能良好。检查干扰项是否功能良好的最简单的办法是，计算把干扰项选为正确答案的被试的平均分数。理想的状况是，所有干扰项都有被试选择，都迷惑了某些被试，而且被干扰的被试都是水平不高的。选择错误答案的被试的总分平均分低于答对这个题目的被试的总分平均分。一个其他方面都不错的题，如果每个干扰选项都迷惑了水平高的被试，表现为选择干扰项的被试总分平均分高于正确作答的被试总分平均分，那么就应该修改或换掉这个干扰选项。

表4-1还统计了两个内容：一个是统计出每个选项各有多少人选，另一个是计算出选择某个选项的人的平均分是多少。表中的E表示没有做任何选择的人，也就是把这道题空着、没有做出选择的人。这两个数是计算难度、区分度要用到的数，把它们报告出来，正好可以使我们直观地看到难度、区分度和被试反应的关系。

从表中可以看出，选择正确答案(D)的人数除以考生数，就是该题目的难度。

我们以标准答案的点双列相关系数作为该题的区分度，它在两组中分别是0.5199和0.4333。从表中可以看出，四个选项都有人选，据此，这些被试被分成了四个组（该题没有人不选）。选择正确答案(D)的人的平均分明显高于其他人，在这里分别是25.68(一年级)和31.39(二年级)，这说明，高水平的被试没有被干扰项迷惑，而被迷惑的都是低水平的，所以该题能够很清楚地把水平不同的被试区分开，是个区分度很高的题。

四　题目参数的二重性

我们很容易想象这样的情形：一个特定的题目，如果让一组水平高的被试来做，它可能显得容易；如果让一组水平低的被试来做，它就会显得难。这就是通常所说的题目难度和被试水平相互依赖。然而这只是问题的一个方面。题目参数（难度、区分度等）固然和被试的水平有关，但它也和题目本身的性能有关。关于这个问题,张凯在《语言测验理论与实践》中有如下阐述:"题目参数又有一定的稳定性,当样本在一定范围内发生变化时,题目参数仍可以保持相对的稳定。例如,假定有两个题目 A 和 B,还假定它们都是高质量的题目,我们分别让两组水平有差异的被试去做。如果一组被试的反应表明 A 比 B 容易,那么另一组的反应也会表明 A 比 B 容易,尽管这两个题目在两组中的绝对难度是不同的。再比如,这两个题目 A 是高区分度的,B 是低区分度的,那么两组的表现都会显示 A 区分度高,B 区分度低。当然,这是指高质量的题目而言的。如果一个题目在高水平组表现为难,而在低水平组表现为容易,那它就不是一个好题。"这里所说的,就是题目参数的二重性。

第三节 题目的修改

前面我们分析了一个好题的题目参数(表 4—1),我们再来看一个例子,这是一个质量不高的题。

这个题目在低分组中的区分度是 0.0180,在高分组中的区分度是 0.0940,都接近于 0。这个题目虽然 4 个选项都有人选,但这 4 组被试的平均分却相差无几,甚至选对了的人的平均分还低于选错了的,所以,它的区分度极低。

这个题的这些反常性质,其实是由题目自身的问题决定的。它的问题是,干扰项迷惑力太强,把所有的人都迷惑了。所有人都被迷惑了以后,不仅低水平的被试找不到正确答案,就连高水平的被试也找不到正确答案了,于是大家就都靠猜测来回答这个题,结果就是各组的平均分都差不多。每一组中都既有高水平的被试,也有低水平的被试,这个题目根本没有能力区分他们。

对于这样一道区分度极低的题目,我们是不是就直接舍弃不用呢?我们认为不应随意放弃题目参数不好的题目。因为区分度实质上是被试在某个题目上的得分和他的总分的相关,如果试卷的效度有问题,总分就不一定代表被试的语言能力。而且有时题目的区分度不高并不表示这个题有问题,也可能是指导语不清、受到其他题目暗示等原因造成的。此外,还有可能是因为它本身太难或者太容易了。如果我们把它用于测试水平更高或更低的被试群体,很有可

表4-2 一个区分度极低的题目(张凯,2002b)

题目分析报表				
题目编号 IT98CR1-107	标准答案:A		题目质量:不合格	
题目正文	一年级组			
	考生数:173 难易度:0.1503 区分度:0.0180			
107.大学生们十分感动。	选项	人数	平均分数	双列相关	点双列相关
A 激动	A	26	20.81	0.0276	0.0180
B 感激	B	95	21.82	-0.2921	-0.2324
C 震动	C	19	16.26	0.4180	0.2493
D 感慨	D	32	19.22	0.1528	0.1050
	E	1	17.50	0.1907	0.0048
	二年级组			
	考生数:129 难易度:0.4109 区分度:0.0940			
	选项	人数	平均分数	双列相关	点双列相关
	A	53	28.85	0.1189	0.0940
	B	59	27.37	0.1592	0.1267
	C	5	33.00	-0.3916	-0.1641
	D	12	27.25	0.0898	0.0509
	E	0	0.00	0.0000	0.0000
报告人:××考试中心			报告日期:1998年×年×日	

能题目的区分度就变好了。

  现在,我们根据题目参数进一步分析表4-2中的题目,看它的问题出在什么地方,能不能把它修改成一个好题。题目参数反映出的问题主要是:选择正确答案的人的平均分数不够高,而选择错误答案的人的平均分数不够低,尤为突出的是,在一年级组,平均分最高的95人选择了答案B;在二年级组,平均分最高的5人选择了C。他们为什么做出这样的选择呢?一看原题,我们就知道问题可能出在哪儿了。该题的正确答案是A,从词义本身看,这是没有什么问题的。但问题在于,4个选项中的一些语素意义和画线词"感动"有牵连。"感动"、"感激"、"感慨",都有一个"感"字,一些被试因此认为它们同义;"感动"、"激动"、"震动"都有一个"动"字,使被试觉得它们意思接近。总的说来,这个题的毛病是 4 个选项的意义区别不大。所谓 4 个选项的意义区别不大,不是就词义本身而言的,而是对被试的理解和反应来说的。修改的办法是让 4 个选项之间的差别更明显一些。题目修改后的样子和再次预测后的题目参数见表 4-3。

表 4-3 修改后的题目及题目参数

题目分析报表				
题目编号:IT01CR1-107		标准答案:A		题目质量:合格
题目正文	一年级组			
	考生数:138	难易度:0.5072		区分度:0.3976
107.大学生们十分<u>感动</u>。 A 震撼 B 可怜 C 努力 D 骄傲	选项	人数	平均分数	双列相关	点双列相关
	A	70	21.63	0.4983	<u>0.3976</u>
	B	5	18.60	0.0777	0.0317
	C	34	17.35	0.3069	0.2243
	D	28	17.36	0.2819	0.1976
	E	1	9.00	0.6710	0.1643
	二年级组			
	考生数:137	难易度:0.7153		区分度:0.4440
	选项	人数	平均分数	双列相关	点双列相关
	A	98	28.61	0.5904	<u>0.4440</u>
	B	7	22.57	0.3809	0.1762
	C	18	21.78	0.4513	0.2835
	D	12	25.92	0.0657	0.0365
	E	2	1.00	1.5502	0.4622
报告人:××考试中心			报告日期:1998年×年×日	

经过修改,扩大了两个差别:错误选项和画线词语在意义上的差别更明显了,4 个选项之间在意义上的差别更明显了。在差别这样明显的情况下,仍然选择非正确选项的被试一定是水平不高的,这可以从平均分上反映出来。经过修改,一个"坏题"变成了一个"好题"。

经过修改后,题目参数好看了,"坏题"变成了"好题",但这并不是说修改后的题目就没有毛病了。修改后的题目有一个明显的毛病——正确选项"震撼"的难度可能比画线词语"感动"大。由此可见,使题目在内容、形式、统计特征等方面都达到满意的程度,实在不是一件容易的事。

第四节 选题、组卷、施测

经过预测,每个题目都带上了参数,哪个是好题,哪个是坏题,一望而知。这时,我们就可以从中选取好题,组成正式试卷了。

一 选题标准

选题时,通常要考虑三个标准:内容、难度、区分度。只有当这三方面都符合设计要求了,测验的质量才是有保证的。

(一)内容

无论是标准化测验还是教师自编的测验,题目内容是首先要考虑的因素。首先要根据测验大纲和题目细则,来检验题目的内容是否在大纲和细则规定的范围之内。如果是教学中的测验,要看测验内容是否和教学内容一致。其次要检查题目中有没有敏感性问题(如毒品、犯罪等)、有没有涉及宗教禁忌等。对题目内容的检查和检验,可以由测验的开发者来完成,也可以请教学和测量方面的专家来做。有时候局外人对题目中的问题更为敏感。经过对内容的检查和检验,只有符合要求而又不含敏感性问题的题目,才能进入正式试卷。

(二)难度

无论是大规模测验,还是教学中的测验,都要符合一定的难度要求。对大规模的标准化测验来说,全卷的难度一般要控制在 0.5 左右,但也不能只选难度在 0.5 左右的题目。

大规模的标准化考试的目的是为了衡量被试的某种能力。我们希望一个测验能区分被试的能力大小，而当题目难度是 0.5 时区分能力最大。一个测验的难度取决于组成这个测验的题目的难度。那应该挑选什么难度的题目呢？难度 P 值是 0.5 的题目的区分能力最大，选择试题时是不是都选 P 值为 0.5 的题目呢？

如果每个题目的难度都等于 0.5，则试题之间高度相关，测验分数最后的分布也会是一个双峰分布，而不是我们希望的正态分布。如果要在所有题目难度值都是 0.5 时获得正态分布，所有试题之间必须是零相关，这对于一个测验来说几乎是不可能的。所以，有 50% 的人所有题目都答对，得满分；另外 50% 的人所有题目都答错，得零分，最终形成一个双峰分布。这样和我们期望中的所有被试总分呈正态分布不一样，结果提供给我们关于被试能力的信息很有限。

为了使能力高的被试有发挥才能的余地，测验中应该有少量难度大的试题；同时，为了提高能力低的被试的信心和兴趣，也为了进一步区分低水平的被试，测验中也应有少量难度低的试题。所以我们保证整个测验的难度值在 0.5 左右，但是每个试题的难度应该有一个跨度，不能全部都是难度为 0.5 左右的试题。这样不仅使测验对被试的区分能力最大，而且可以使被试的测验总分接近正态分布。

要想在题目有相关的情况下保持正态分布，就要选取各种难度的题目。一份试卷中，既要有中等难度的题目，也要有较难和较易的题目。我们追求的目标是题目难度的正态分布。表 4—4 可以作为难度分布的一个大致标准，选题时可以参考。

表 4—4　标准化测验的题目难度分布

难度级别	P 值范围	所占比例
极难	$\leqslant 0.20$	10%
较难	0.21—0.40	20%
中等	0.41—0.60	40%
较易	0.61—0.80	20%
极易	$\geqslant 0.81$	10%

在选题并调整全卷难度时,可以先按表4—4的标准初选。初选后,全卷难度很可能已经接近要求,但离规定的难度还有一点儿距离。这时再替换个别题目进行微调,直到符合要求为止。如果难度大了,就去掉一两个难题,换上一两个较容易的题;反过来,如果难度小了,就去掉几个容易的题,换上几个难的。

测验中所有题目的难度分布应该呈正态分布,如果题目难度过大或过小,就会出现偏态分布情况。

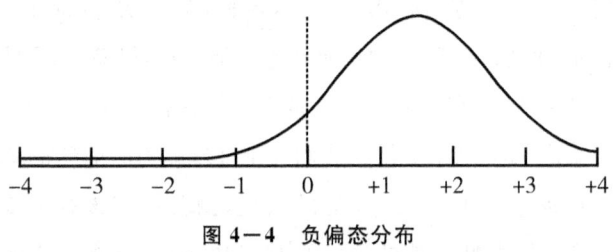

图4—4 负偏态分布

在图4—4的情况下,大多数被试集中在右侧高分端,呈现负偏态[①],说明测验偏易,缺少难度高的题目。

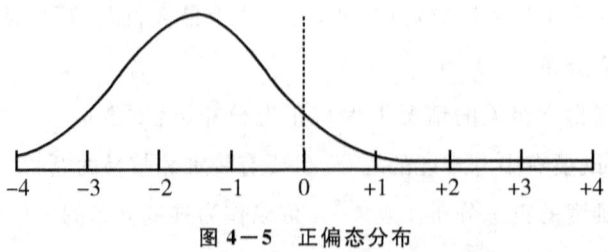

图4—5 正偏态分布

图4—5是正偏态分布,多数被试集中在左侧低分段,说明测验偏难,缺少难度低的题目。我们可以根据偏态的情况,对测验中的题目进行筛选、增删和修改,以使测验接近正态分布。

测验难度和测验的目的有关。在其他类型的测验中,测验整体难度不一定是0.5。例如,在选拔性测验中,可能测验的组织者想选拔前20%的人,那

---

① 所谓"正/负偏态",是根据曲线的"尾巴"在哪一侧而得名的。图4—4中曲线的"尾巴"在左侧(负数一端),所以叫"负偏态",反之叫"正偏态"(图4—5)。

么这个测验的难度就是 0.2,被试总分分布就是正偏态的;在达标性测验中,我们希望大部分被试通过考试,这时测验总分是负偏态的。另外还有其他一些特殊目的的测验,难度 P 值也不一定是 0.5,在此不一一列举。

(三)区分度

前面说过,题目的区分度可以用标准差、极端分组法的 D 值、点双列相关、双列相关和组间相关等表示。常用的表示方法是极端分组法的 D 值、点双列相关和双列相关。当点双列相关系数大于等于 0.2、D 值和双列相关系数大于等于 0.3 时,题目具有较好的区分度。标准化测验追求题目的高区分度,所以,选题时尽量选取区分度高的题目。

如果题目来源少、质量不太高的话,一般可以把双列相关系数大于等于 0.3、点双列相关系数大于等于 0.2 作为入选标准。如果题目充裕,质量较高,可以适当调高标准,如双列相关系数大于等于 0.4 或 0.5,点双列相关系数大于等于 0.25 或 0.3。总而言之,对于大规模的标准化测验来说,题目的区分度越高越好。

大规模的标准化测验一般都不使用 D 值,因为它不像双列相关和点双列相关系数那样稳定。

大多数教学测验不宜以双列相关和点双列相关系数为题目的质量指标。教学测验的通过率一般较高,题目相应地就比较容易,在这种情况下,题目的区分度一般不会高,甚至多数题目的区分度还会是很低的。这时,我们可以把教学敏感性作为选题标准,教学敏感性高的题目入选,敏感性低的淘汰或修改。

二 组卷和施测

题目选好之后,还有以下一些工作要做。

(一)组卷

组卷就是把选好的题目按一定的顺序排列起来,再加上题目的指导语。这就是试卷供印刷用的底稿。组卷的原则是:容易的题放在前边,难题放在后边。如果试卷中包含多项选择题,或以多项选择题为主,题目顺序排好后,还要调整一下正确答案的分布。由于入选的题目可能来自多份预测试卷,代表正确答案的 A、B、C、D 的分布可能是不均匀的。例如,全卷题数为 100,其中 A 为正确答案的有 50 题,B 为正确答案的有 30 题,C、D 为正确答案的各有 10 题。如果是这样,我们就要调整不均匀的正确答案分布,让 A、B、C、D 各有 25% 代表正确答案。这样做的目的是把猜测效应降低到最低程度。

(二)印刷试卷和答卷

组卷工作完成后,试卷就可以送印刷厂去印制了。客观测验一般是试卷和答卷分离的,所以,除了试卷要印刷外,还需要印刷答卷。答卷的样式往往需要根据所用的阅卷机定制。

(三)做标准答案

试卷和答卷印好后,在正式测验之前要做出标准答案,供阅卷评分用。标准答案要保证准确无误。最好的办法是,找至少两个人分别做同一套试卷的答案,再由他们复核各自的答案是否一致,讨论后再确定标准答案。

以上三个步骤完成后,试卷就可以正式使用了,这就是所谓的施测。

思考题

1. 预测的目的是什么?
2. 哪些题目参数是最重要的?
3. 题目参数有什么作用?
4. 标准化测验在题目难度和区分度上有什么要求?

第五章 分数和信度

第一节 分数

一 原始分数

考生参加完一次考试后,按照评分标准对他们的作答反应直接评出的分数,叫作原始分数。例如,HSK 考试(笔试),答对一题给 1 分,答错一题给 0 分,HSK(初、中等)考试全部答对给 170 分。原始分数在 HSK 考试中表示的是答对题目的数量。

原始分数的主要缺点是:

第一,如果各分测验题目数量不同,原始分数并不能直接反映出考生在各分测验上答对题目的比例。

表 5-1 某考生在 HSK(初、中等)各分测验上的原始分数

分测验	听力理解	语法结构	阅读理解	综合填空
题目数量	50	30	50	40
原始分数	30	24	30	30
答对百分比	60%	80%	60%	75%

第二,由于各分测验难度不同,即使题目数量相同,各分测验上的原始分数也无法直接反映考生本人各方面技能上的差异。

第三,同一考试不同版本试卷上的原始分数也不可以直接比较。例如,考生 A 参加 2010 年 5 月的 HSK 考试,原始总分为 150,而考生 B 参加同年 12 月的 HSK 考试,原始总分为 145。我们不能据此认为 B 比 A 差。

第四,原始分数不能直接反映出考生之间的差异情况,不能直接反映出考生在团体中的位置,不能反映出考生与其他人相比是好是差。99 分也许是所有考生中最好的,但也可能是最差的。

二 百分等级

百分等级(percentile)指在某原始分数所属的那批分数中,其值小于和等于该分数的分数的个数(累积次数)占整批分数个数的百分比。

$$pr = \frac{cf_L + 0.5(f_i)}{n} \times 100 \qquad (公式5-1)$$

其中,pr = 百分等级;f_i = 某一分数的次数;cf_L = 低于这一分数的所有分数的累积次数;n = 总次数(总人数)。

表 5-2 一次语言考试分测验成绩与百分等级的对照表

百分等级		1	5	10	20	30	40	50	60	70	80	90	99
原始分数	听力	1	28	42	54	62	67	72	76	81	85	91	100
	阅读	1	17	24	31	36	40	44	47	51	55	61	72
	综合	1	31	43	55	62	67	72	76	79	83	88	95

例如,如果听力得 91 分,那么低于这一分数的所有分数的累积次数占全部分数次数的百分比为 90%,这个分数就是第 90 百分位。

由于各分测验难度不同,各分测验原始分数之间不能直接比较,而各分测验的百分等级则可以比较。例如,某考生在听力考试中得了 72 分,在阅读考试中也得了 72 分,然而,其阅读成绩是全体中最好的(有 99% 的考生比他差),而听力成绩却是全体中中间的水平(只有 50% 的考生比他差)。

百分等级虽然有可比性,但没有可加性,如某考生听力处在第 50 百分等级(72 分),阅读处在第 90 百分等级(61 分),不能说他的两个分测验"平均百分等级"为70。

三 Z分数

Z分数也叫作标准分数,它是以标准差为单位来表示一个原始分数(即从测验直接得来的分数)离平均数有多远,也就是说Z分数告诉我们一个原始分数距离平均数有多少个标准差。Z分数的计算公式如下:

$$Z = \frac{x_i - \bar{x}}{S} \qquad (公式5-2)$$

其中,x_i表示一个观察分数,即原始分数;$\bar{x}$表示这组分数的平均数;S表示这组原始分数的标准差。

如果一组分数平均数为90,某人的原始分数也是90,那么不管标准差多大,他的Z分数都是0;再如,平均数为60,一个原始分数为90,标准差为30,那么Z分数就是1,这时,一个原始分数为30的分数转换成Z分数为-1,表示这个分数离平均数-1个标准差。

Z分数一个很大的好处是它可以用来比较不同测验产生的原始分数。例如,某考生参加HSK考试,其听力理解部分原始分为40,阅读理解为45,我们很容易认为他的阅读理解水平高于听力理解水平。但是,如果我们将这两个分数分别转换成Z分数,结论就可能不一样了。假如本次HSK听力平均分是35,标准差是10,阅读平均分为40,标准差是15,那么:

$$Z_{听} = \frac{40-35}{10} = 0.5$$

$$Z_{阅} = \frac{45-40}{15} = 0.333$$

这样看,他的听力成绩排名更靠前,要好于阅读。

再来看另一位考生的HSK成绩。这个考生各个分测验上的原始分数无法直接比较,转换成Z分数就可以比较了。从表5-3可以看出:该考生的阅读理解成绩最好,处于考生团体的平均水平,而语法结构却是最差的。

Z分数还具有可加性,即不同分测验之间的Z分数可以加和求平均。例如,上面的这个考生的平均 Z 分数为:[(−0.5)+(−0.625)+(0)+(−0.556)]÷4≈−0.42。

表 5−3　一个考生的原始分数和 Z 分数

分测验	听力理解	语法结构	阅读理解	综合填空
原始分数	25	15	25	25
平均分 (标准差)	30 (10)	20 (8)	25 (10)	30 (9)
Z 分数	−0.5	−0.625	0	−0.556

Z 分数还可以用来比较不同单位的变量,例如,像身高和体重这样两种不同单位的变量,不转换成 Z 分数就没法比较,因为一个是重量单位(千克),一个是长度单位(厘米)。转换成 Z 分数,就可以看出这两个指标哪一个更趋于正常。

四　导出分数

Z 分数作为一种相对地位量数很有用,它可以告诉我们一个给定的分数距离平均数有多少标准差。Z 分数有一个重要的特点:任何一组分数,转化成 Z 分数后,平均数都会变成 0,标准差都会变成 1,这使得考试的分数具有了可比性。但 Z 分数的缺点是:有 0 分和负分,而且带有小数,甚至是多位的小数,不容易被理解。

为了去掉负分数和小数,我们可以将 Z 分数再进行一次线性转换,转换成人们易于理解的分数,即所谓的导出分数(也叫作报道分数[①]、转换分数等)。

把 Z 分数转换成导出分数的基本方法是:

$$导出分数 = AZ + B \qquad (公式\ 5-3)$$

其中,A、B 都是常数,A 可以理解成人为设定的标准差,B 可以理解成人为设

[①] 报道分数有两个意思:一是指"导出分数",即"报道给被试的分数是导出(经过转换)的分数而不是原始分";二是仅指报告给被试的分数,这个分数可能是原始分,如高考的报道分数就是原始分,也可能是经过转换的分数。

定的平均数,这两个常数都是可以根据需要来人为设定的。但需要注意的是,两个常数必须都是正的,另外,只要保证 B 是 A 的 4 倍或 4 倍以上就能够消除掉负数。

我们可以试着任意定一个导出分数(报道分数)的体系:

$$XXX 分数 = 100Z + 600$$

我们可以这样说:"XXX 分数是以 600 为平均数,以 100 为标准差的导出分数"。假如某考生原始分数跟平均分数一样,即他的 Z 分数为 0,我们就给他 600 分。

国外最常用的导出分数就是 T 分数,其平均数是 50,标准差是 10。如果一个人 Z 分数为 0,转换成 T 分数就是 50;如果 Z 分数是 2,转换成 T 分数就是:$T = 10 \times Z + 50 = 10 \times 2 + 50 = 70$。

再比如,IQ(智商)分数是一个以 100 为平均数,以 15 为标准差的导出分数:$IQ = 15 \times Z + 100$。

如果一个孩子智商分数为 145(即比平均数高 4 个标准差),那么他的智商分数比 99.997% 的孩子要高,也就是说 100,000 个孩子里只有差不多 3 个孩子智商跟他一样或高于他,这个孩子绝对是智力超常。如果一个人的智商在 70(比平均数低两个标准差)以下,应该考虑智力是否存在问题。国外智商测验如韦氏智力测验的效度被证明是比较高的。

下面是国内外常见的一些导出分数体系:

T 分数:

$$T = 10(Z) + 50 \qquad (公式 5-4)$$

CEEB 分数(美国大学委员会使用的分数):

$$CEEB = 100(Z) + 500 \qquad (公式 5-5)$$

老版 TOEFL 分数:

$$TOFEL = 70Z + 500 \qquad (公式 5-6)$$

离差智商 IQ 分数:

$$IQ = 15Z + 100 \qquad (公式\ 5-7)$$

MET(高考英语标准化试验)分数:

$$MET = 12Z + 60 \qquad (公式\ 5-8)$$

HSK(初、中等)分数体系:

HSK(初、中等)分测验分数是一个以 50 为平均数,以 15 为标准差的报道分数:

$$HSK(初、中等)(分测验) = 15Z + 50 \qquad (公式\ 5-9)$$

HSK(初、中等)总分是一个以 200 为平均数,以 60 为标准差的报道分数:

$$HSK(初、中等)(总分) = 60Z + 200 \qquad (公式\ 5-10)$$

HSK(改进版)分数体系:

HSK(初级)分测验分数和总分都是一个以 500 为平均数,以 125 为标准差的报道分数:

$$HSK(初级)(分测验) = 125Z + 500 \qquad (公式\ 5-11)$$

$$HSK(初级)(总分) = 125 \times [(Z_{听} + Z_{读})/2] + 500 \qquad (公式\ 5-12)$$

HSK(中级)分测验分数和总分都是一个以 1500 为平均数,以 125 为标准差的报道分数:

$$HSK(中级)(分测验) = 125Z + 1500 \qquad (公式\ 5-13)$$

$$HSK(中级)(总分) = 125 \times [(Z_{听} + Z_{读})/2] + 1500 \qquad (公式\ 5-14)$$

HSK(高级)分测验分数和总分都是一个以 2500 为平均数,以 125 为标准差的报道分数:

$$HSK(高级)(分测验) = 125Z + 2500 \qquad (公式\ 5-15)$$

$$HSK(高级)(总分) = 125 \times [(Z_{听} + Z_{读})/2] + 2500 \qquad (公式\ 5-16)$$

五 正态化 Z 分数及导出分数

在使用 Z 分数或通过 Z 分数导出的分数时,有一个问题必须注意:当我们把原始分数转换为 Z 分数后,其平均数为 0,标准差为 1,但是原始分数的分布形态并没有改变。假定原始分数的分布不是近似正态的,那么转换成 Z 分数也并不能把这个非正态分布"正态化"了。而这时,如果我们硬要把分数解释成正态曲线下的面积,就不合理了。那么,有没有办法解决这个问题呢?解决的办法就是,对分数进行所谓"正态化"的处理而得到正态的 Z 分数,然后再导出分数。

前面我们介绍了 HSK(初、中等)的分数,它是通过线性 Z 分数(或叫作一般 Z 分数)导出的分数,线性的 Z 分数只是通过对原始分数进行直接的线性转换得到的,其分布形态与原始分数是完全相同的,这对解释分数是不利的。

而通过对原始分数进行正态化处理后得到的 Z 分数,即正态化 Z 分数,是通过对原始分数的非线性转换而来的。与线性 Z 分数不同,正态化 Z 分数有一个近似正态的分布。正态化 Z 分数的好处在于,不管实际考试的分数分布是否为正态,经过正态化处理后,每个分数都被转换为正态分布上的特定的点,从而每个分数都表示它在正态分布上的特定位置。

对于原始分数的正态化处理方法有很多种,HSK(改进版)采用的是查百分等级与正态化 Z 分数表的办法。具体步骤是:

第一步,计算每一位考生在标准样组里的百分等级。

第二步,将百分等级转化为正态分布上相应的离均差(Z 值)。这样做实际上是迫使分数分布成为正态的分布。我们事先将百分等级与正态化 Z 分数的对照表存在电脑中,然后让电脑根据每一位被试的百分等级自动查找其所对应的正态化的 Z 分数。例如,某考生的改进版 HSK(中级)听力理解分测验的原始分数为 47,通过计算,这个分数在标准样组里为 84.61,查百分等级与正态化 Z 分数对照表得到该考生的正态化 Z 分数为 1.02(见表 5—4)。

表 5—4 Z 分数与百分等级对照表

顺序号	Z 分数	百分等级
1	0.00	50.00
2	0.01	50.40
……		
28	0.27	60.64
29	0.28	61.03
30	0.29	61.41
……		
100	0.99	83.89
101	1.00	84.13
102	1.01	84.38
103	1.02	84.61
104	1.03	84.85
105	1.04	85.08
……		
175	1.74	95.91
176	1.75	95.99
177	1.76	96.08
……		
291	2.90	99.81
292	2.91	99.82
……		
300	2.99	99.86
301	3.00	99.87

由于实得百分等级 84.53 在此表中查不到，故"指定为"最接近的一个值 84.61，对应的正态化 Z 分数为 1.02。

第三步，得到考生的正态化 Z 分数之后，再做一次线性转换，得到最终的 HSK(中级)的听力理解报道分数为 1628，即：

HSK(中级)听力＝125Z＋1500＝125×1.02＋1500＝1627.5≈1628

总分的 Z 分数,是两个分测验正态化 Z 分数的平均值,而不是通过计算原始总分的百分等级之后再查百分等级与正态化 Z 分数的对照表得来的。我们是先求分测验正态化 Z 分数,然后把两个分测验正态化 Z 分数相加求平均,得到总分的正态化 Z 分数,然后再转换成导出分数。例如,某考生参加改进版 HSK(中级)考试,其听力分测验正态化 Z 分数为 1.00,阅读分测验正态化 Z 分数为 1.02,那么该考生的总分的正态化 Z 分数如下：

$$HSK(中级)总分 = 125\frac{Z_l + Z_r}{2} + 1500 = 125\frac{1.00 + 1.02}{2} + 1500$$
$$= 1626.25 \approx 1626$$

第二节 信度

根据特定的目的编制测验,并对特定的被试实施测验,我们首先希望测验能够准确地反映出所要考查的东西,即希望测验是有效的;其次,如果重新对被试施测,我们希望得到同样的结果,即希望测验的分数是稳定的、可靠的。不光是语言测验,任何一种测量工具都存在可靠性(即信度)和有效性(即效度)的问题。信度和效度是测验质量评估最重要的两条标准。

一 信度的基本概念

测量的信度指测量结果的可靠性、一致性和稳定性程度。一个高质量的测验,对同样一组被试反复多次测量,其结果应该保持不变。也就是说,信度指在不同的时间或不同的测试条件下,使用同一测验(或者使用同一测验的不同版本),对同一组被试实施多次测验所得结果的一致性或稳定性程度。

任何一种测量都存在误差。我们用同一个测验对同一组被试测量多次,每一次得到的结果可能不完全一样。例如,同一个被试,第一次得 80 分,第二次得 90 分,第三次得 70 分。如果这个被试的水平没有变化,那么究竟哪一次的结果反映了他的真实水平呢？我们无法确定，因为任何一次测量的结果（即我们观察到的分数）既包含了能够反映他真实水平的分数即真分数（true score），又包含了种种原因造成的误差分数（error score），如被试的情绪状态和身体状况、测试环境或其他条件都可能影响其正常水平的发挥。观察分数（observed score）、真分数、误差分数之间的关系可以表示为：

$$X(观察分数)=T(真分数)+E(误差分数) \quad\quad (公式 5-17)$$

实际上，被试的真分数是得不到的，我们得到的只是被试的卷面分数，即观察分数。但一个观察分数包含的误差分数越少，这个观察分数就越接近真实分数，这个测验就越可靠。如果我们用同一个测验无限次地测量同样的被试，而且假定其真实水平没发生变化，那么多次测量结果的平均值就是其真分数。当然这只是理论上的，实际中不可能这样做。

"信度"的测量学定义是：测量结果所反映出的系统变异的程度，即指一组测量分数的真变异数与总变异数的比率，可以用公式表示为：

$$r_{xx}=\frac{S_t^2}{S_x^2} \text{ 或 } r_{xx}=\frac{S_x^2-S_e^2}{S_x^2}=1-\frac{S_e^2}{S_x^2} \quad\quad (公式 5-18)$$

其中，r_{xx} 为信度系数（reliability coefficient），S_t^2 为真变异数（真方差），S_x^2 为实得变异数（实得方差），S_e^2 为误差变异数（误方差）。

真变异数指考生的真分数的方差，这一般是得不到的；实得变异数就是所观察到的考生分数（考生卷面分数）的方差；误差变异数指由于测量的误差造成的分数的变异量。从公式可以看出，误差变异数占实得变异数的比例越小，信度系数会越高。如果误差变异数为 0，信度系数就是 1，这是信度系数的最大值，表示观察到的变异数等于真变异数，但这一般是不可能得到的；同样，如果信度系数是 0，则表示测量到的变异数（实得方差）根本不包括真变异数而全部是误差变异数（误方差），对于语言测验来说，这种情况也不太可能出现。因此，信度系数是 0.00 至 1.00 之间的一个数。一般来说，标准化语言测验的内部一致性信度系数应该达到 0.90 以上。

理解测量信度的概念，关键是要理解任何测量所得到的分数变异中都包

括了误差变异。测验的误差变异有的来源于测验内,有的来源于测验间,具体分析主要有下面几个方面:

(一)被试方面

对同一组被试实施相同的测验,有人得分高,有人得分低,这种分数的变异不完全反映被试真实水平的差异,因为被试参加测验时本身的状况也会造成部分差异。比如有人情绪不好或者身体状态不好就会影响发挥,其实得分数就会低于真实分数。如果再次施测,其状态调整好了,实得分数就可能提高。但别的被试也可能是相反的情况,第一次状态很好,再测时状态又不好了。来源于被试方面的这种误差完全是随机的,很难控制。

(二)测验本身

这是测验内的误差,主要是由测验题目在取样、长度、难度、区分度等方面的问题造成的。例如,测验题目数量太少,被试答对或答错的偶然性就比较大,测验就不可靠;测验题目与题目之间缺乏一致性,也会造成误差。

(三)测验的条件和环境

被试在不同的测验条件下的发挥会不同。例如,有的人的耳机噪音大,影响了听力;有的考场靠近马路,声音很嘈杂,影响做题。

(四)阅卷评分

阅卷评分的不准确和不客观也是造成误差的一个重要因素。例如,即使是客观性测验,若采用人工阅卷,也会造成很多误判。现在一般大规模标准化测验均采用阅卷机阅卷,大大降低了误判率。主观性测验始终难以解决评分不可靠的问题。例如,作文的评分,同样的被试,不同的评分员会打出完全不同的分数,有时误差甚至很大。这导致主观性测验的信度很低。

二 测验信度的估计

由于测验误差的来源不同,估计信度系数的方法也不尽相同,几种方法各有利弊,这里分别做一简单介绍。

(一)再测信度

使用同一测验对同一组被试在不同的时间施测两次,然后计算两次分数之间的相关程度,就得到了该测验的再测信度(test-retest reliability)系数。再测信度系数反映的是测量结果的稳定程度,所以也叫作稳定性系数,再测信度系数越高,该测验的稳定性越好。计算公式如下:

$$r_{xx}=\frac{N\sum x_1x_2-(\sum x_1)(\sum x_2)}{\sqrt{N\sum x_1^2-(\sum x_1)^2}\sqrt{N\sum x_2^2-(\sum x_2)^2}} \quad \text{(公式 5—19)}$$

其中,x_1、x_2 为同一被试两次测验的观察分数;N 为被试人数。

再测信度虽然能检验测验跨时间的稳定性,但使用时必须小心。首先,两次施测时间间隔要合适,一般认为 30 天左右为好。如果间隔时间太短,由于第一次施测所产生的练习效应或记忆因素很难估计,测验的稳定性往往会被夸大;而间隔时间太长,被试的水平可能发生变化,也会使再测信度估计不准。总之,在估计再测信度系数时,必须考虑到两次测验间隔期间被试方面可能发生的各种变化。另外,再测信度的估计更适用于题目数量较多的速度测验而不适用于难度测验,这是因为速度测验产生的练习效应相对较小。

(二)等值复本信度

一个测验(特别是标准化测验)往往有不同的版本,这些不同的版本(即等值复本)也叫作平行试卷,一个测验的各平行试卷被认为具有相同的难度、相同的内容和相同的形式,而只是包含了不同的具体的测验题目,因此说是"等值"的。等值复本信度(equivalent-form reliability)即指用同一测验的两个平行试卷分别对同一组被试施测,两个试卷可以在同一天连续施测,也可以在一段时间内分两次施测,施测后计算出的被试在两个试卷上得分之间的相关系数,即为复本信度系数。与再测信度不同,复本信度反映的是测验的等值性。

复本信度的优点是使用不同的试卷,减少了练习和记忆等因素的干扰。但等值复本信度对测验的等值性要求很高,可以说除了具体题目不同以外,测验的复本即各平行试卷应该在测验的内容、题型、难度、数量、时限、指导语等各个方面都必须一样或非常相似,然而只要题目是不同的,复本就很难说是真正的"等值"。除了标准化的测验,大多数测验都很难获得完全平行或等值的复本。因此,复本信度用处也受到限制。此外,复本信度虽然在很大程度上避免了练习效应,但由于可能在很短时间内对被试施测两次,被试容易因疲劳或厌倦而失去积极性,此时计算出的信度系数会偏低。两次等值测量如果间隔时间过长,被试的水平变化也会影响复本信度估计的准确性。

计算复本信度也可以使用公式 5—19。

(三)分半信度

分半信度(split-half reliability)是指将一个测验的全部题目按照一定标准分成两个相等的部分,然后计算出被试在这两个部分的观察分数的相关系数,此相关系数即表明测验的分半信度。分半可以采用前后分半的方法,如前 50 个题目是一半,后 50 个题目是另一半。但语言测验一般是由几个考查不同技能的分测验构成,这种分半法就有问题,也许听力分测验被分在前一半,阅读分测验被分在了另一半,但这两个测验测的内容不同、题型不同、难度也可能不同。更常用的分半方法是,将整个测验按奇数题和偶数题分成两半。

分半信度计算的是一半题目即半个测验的信度,而要表示整个测验的信度,需要对所求出的相关系数进行适当的校正。校正的公式如下:

$$r_{xx} = \frac{2r_{hh}}{1+r_{hh}}$$ (公式 5—20)

其中,r_{xx} 为校正后的信度系数,r_{hh} 为两个分半测验分数之间的相关系数(用公式 5—19 计算)。

分半信度的优点是不需要对被试施测两次,不受练习和记忆因素的影响。但分半信度对所分的两半测验的等值性要求较高,特别是对两半测验分数具有相同的平均数和标准差的要求很难满足。使用分半信度时,特别要注意一点,当遇到互相牵连的一组题目(如阅读理解题一般都是一段语料带着几个问题)时,应该把这同一组的题目分在同一半里,否则会过高估计信度。另外,速度测验不适于计算分半信度。

利用下面的公式计算分半信度更为简便,它不需要计算两个分半测验分数之间的相关系数,而且也不需要校正:

$$r_{xx} = 2(1 - \frac{S_a^2 - S_b^2}{S_t^2})$$ (公式 5-21)

其中,S_a^2 和 S_b^2 分别表示分测验分数的方差,S_t^2 表示整个测验分数的方差。

(四) 内部一致性信度

分半信度虽然反映的是测验的内部一致性程度(internal consistent reliability),但有些局限,而且估计得比较粗略。国内外测验特别是标准化测验更常用的内部一致性信度系数主要有两种:

1. 用库德-理查逊(Kuder-Rechardson)的 KR20 公式估计的信度系数

$$r_{KR20} = (\frac{K}{K-1})(1 - \frac{\sum p_i q_i}{S_t^2})$$ (公式 5-22)

其中,K 为测验题目总数;p_i 表示第 i 题的难易度(通过率),$q_i = 1 - p_i$,表示未通过第 i 题的人数比例;S_t^2 为测验总分的方差。

KR20 公式特别适用于采用 0/1 计分的客观化测验,如 HSK(初、中等)。使用此公式不需要将测验分成两半,而且也不需要计算相关系数,简便易用。

2. 克龙巴赫 α 系数

克龙巴赫 α 系数(Cronbach α)特别适用于估计多重计分的测验的内部一致性信度。大多数非标准化测验,如教学中的成绩测验都是采用多重计分,例如,作文、简答题、论述题等主观性测验题目都是根据被试答对题目的程度来评分,而且不同分测验计分方式可能完全不同。这时,就可以采用克龙巴赫 α 系数,计算公式如下:

$$\alpha = (\frac{K}{K-1})(1 - \frac{\sum S_i^2}{S_t^2})$$ (公式 5-23)

其中,K 为测验题目总数,S_i^2 为某一试题(0/1 计分或非 0/1 计分)的考生得分的方差;S_t^2 为测验总分的方差。

当所有测验题目均采用 0/1 计分时,克龙巴赫 α 系数计算公式跟 KR20 公式完全一样,因此它实际上是 KR20 公式的一个特例。克龙巴赫 α 系数可以准确地反映出测验的内部一致性程度和内部结构的良好程度,而且计算非常简便,因此使用极其广泛。目前,HSK 各等考试均用此估计内部一致性信度。唯一需要注意的是,当一个测验的各个分测验十分异质(如各分测验分数间相关很低)时,不宜采用克龙巴赫 α 系数。

(五)评分者间信度

作文、口试等主观性测验误差的一个重要来源就是评分者,对于同一被试,由于各评分者掌握评分标准不一,导致所给分数不可靠,因此,有必要估计评分者之间的一致性程度。评分者间信度的估计常常采用肯德尔和谐系数(Kendall's coefficient of concordance),也叫肯德尔 ω 系数,计算公式如下:

$$\omega = \frac{\sum R_i^2 - \frac{(\sum R_i)^2}{N}}{\frac{1}{12}K^2(N^3-N)} \quad \text{(公式 5-24)}$$

其中,K 为评分者人数,N 为被试数,R_i 为每一被试被评定的等级总和。例如,对某一个被试,评分员 A 给 8 级、评分员 B 给 7 级、评分员 C 给 9 级,则这名被试被评定的等级总和 $R_i=8+7+9=24$。

对于水平测验来说,评分者间信度系数(ω 系数)应该达到 0.90 以上才算合格。

三 影响测验信度的一些因素

考虑到测量误差来源不同,影响测验信度的因素也是多方面的,除了被试状况和测试环境方面的影响以外,还有以下几方面因素:

(一)测验的长度

测验的长度即题目数量。一般来讲,测验题目数量越多,信度越高,从

KR20 等估计信度的公式也可以看出，题目数量 K 是一个重要因素。但题目数量也不是可以无限制增加的，当题目数量过多时，被试容易疲劳或厌倦，信度反而会降低。HSK（初、中等）有 170 个项目，但有人研究发现 140 个项目足以达到相当的 α，因此从经济的角度考虑，可以减少一些题目。

（二）测验题目的同质性

测验题目的同质性主要靠题目的区分性（如较高的点双列相关系数）来保证，一个测验所有题目都有较好的区分性，则内部一致性信度便会较高。HSK 之所以有很高的内部一致性信度，一个重要因素就是所有题目都经过预测筛选，而筛选的一个重要标准就是题目区分性指标。

（三）题目难易度分布

测验题目难易度虽然与信度没有直接关系，但如果题目难易度分布不好，就会造成分数范围缩小，分数的变异程度减小，从而降低信度系数。另外，过难的题目会增加猜测的可能，也会使信度降低。

（四）被试样本的异质程度

被试的水平差距越大，即被试异质程度越高，分数的变异范围就越大，信度系数就会越高。显然，对于不同的被试样本，由于被试异质程度不同，所计算出的信度系数也就不会完全相同。一般来讲，水平测验的被试团体异质程度会大于成绩测验的被试团体，因此，更容易得到较高的信度系数。

思考题

1. 为什么说信度和效度是语言测验最重要的质量标准？
2. 信度的基本概念是什么？如何从测量学的角度理解信度的概念？
3. 如何根据具体情况选择信度估计方法？几种信度估计方法各有什么利弊？
4. 如何减少影响测验信度的因素？

第六章 效度

第一节 效度的基本概念

效度解释虽然众说不一，但主要有三个角度，而这三个不同的角度，都围绕着一个过程，并且是以这个过程为讨论的前提和基础的。

一 测量的有效性

效度的问题是因测量而发生的，所以效度最基本的意义是测量的有效性。测量是人们认识客观世界的一种方式，因而，测量效度首先涉及的是认识论层次的问题，涉及测量过程的正确程度。假设测度是已知，效度就是测量测到该测度的程度。

无论出于理论探索的需要还是要满足社会公众的应用需求，测量的有效性对任何测量的预期目的而言都是题内应有之义，是测量最显而易见、也是最为公众所关注的属性。测量有效性的实质是方法有效，它要回答的问题是，在假设的预期测度已经确立的前提下，一种测量工具是否测到了这个预期想测的东西，测得准不准。方法的有效性依赖于理论的有效性，但由于语言测验学科自身的特殊性，我们还很难解决理论有效性的问题，因此，语言测验领域内任何有关方法有效性的结论都只是一种探讨，带有假说的性质。当然，理论验证本身也需要测量有效性方面的证据，而测验是否以及在多大程度上达到了预期的目的，很大程度上取决于各种测验设计和测验方法的实际使用效果。

任何科学测量总是要力求方法的科学化,通过对测验过程可能涉及的各种变量进行有效的控制来最大限度地实现测验的预期目的,所以,方法有效性的考查是效度验证过程最重要的内容之一。这方面的考查需要对语言测验的过程和结果进行全面的观察、比较、分析和归纳,对测验预期目的的实现程度,测验操作方法和操作过程的合理性,以及测验目的、方法及过程之间的契合程度加以综合验证。

张凯在《语言测验理论与实践》中指出测量过程有测度、单位、数字系统和零点四个基本要素。测量的有效性指的是,在测度是已知的、确定的前提下,测量者综合运用后面三种要素以量化的方式反映测度的准确程度。

二 理论的有效性

理论的有效性可以和测量的有效性有关,也可以无关,只有用作测验开发的理论框架或基础时才是有关的。心理测量和语言测验领域的测量与一般测量的重要区别就在于,它们的测度是不确定的,所以效度的命题就是一个不确定的问题,甚至是伪命题。在测量的四个基本要素中,测度是所有测量都必须具备的核心要素,而在心理测量和语言测验中,恰恰这个要素无法确定。

在心理和语言测量中,最引人注目的现象是:从时间顺序上说,效度验证大多数情况下都是针对测量之后的决策或应用过程的,而也有很少一部分努力是针对前测量阶段,即理论验证过程的,针对测量过程自身的反而并不多。

理论效度实际上也可以称作前测量阶段有关测度的效度验证。

处于探索阶段的语言测验,其预期目的本身就带有理论探索的性质,语言测验无法回避每天都在面对的"测的是什么"这样一个终极质疑,所以语言测验的效度,首先是指测验的测度、测验编制者关于该测度的构想和有关理论的有效性。其实,任何测量工具要实现有效测量,前提都是要有明确的测量对象或测度,即实际可测的东西,只不过有些测量工具测度十分明确,像长度和时间这样的测量对象,人们用尺子、钟表等工具直接去测就是了,这类测量工具的效度验证自然无需回答预期目的是否有效的问题,而另外有很多测量工具却并没有解决测度问题。由于要为人们在日常生产、生活实践活动和各种各样的社会决策中产生的大量实际的迫切需要提供信息服务，它们在完成自身的理论探索之前就不得不进入应用领域。正是这种情况使这些测量中的效度问题复杂化了，对此，必须有一个清醒的认识，即由于长期、大规模的社会应用而建立起来的人们关于这些测量的测度的一般看法对于解决它们自身面临的理论问题尽管并非毫无意义，却毕竟不能替代对问题本身的科学论证。此外，这样的测量还有一个重要特点：它们所测的往往是这样一些对象和属性，人们相信其客观存在于自然界或人类社会中，然而仅凭感官又感觉不到、无法直接测量。要验证以这样的对象和属性为测度的测量的有效性，就先要面对测度亦即预期目的本身的有效性问题，即回答测验打算测什么，这个东西是否如测量的开发者所假设的那样实际存在。语言测验就属于这样的测量，语言测验的预期测度——语言能力（这里只是笼统地、一般地说，现实世界中每个具体的语言测验的预期测量对象当然应当根据实际情况来确定，下同），也正属于这样一种本身的有效性尚待验证的测量对象。总之，探索预测目的或测度本身的有效性，是对语言测验的效度验证的必然要求。解决预期目的有效性的问题，就是要为语言测验确立一个科学的假设，从而为最终建立在测量结果和测验分数基础上对语言能力所做的推论寻找一个合理的逻辑出发点。

三　应用的有效性

全面正确地反映分数的意义是对语言测验的分数解释，也包括分数应用的必然要求，但在很多实际情况下，这样的要求不一定能够实现，所以有人认为分数解释或分数应用也存在有效性问题，甚至认为测量效度的实质就是分数解释和应用的效度。

如果单纯从测量层面考虑，分数就是对测度的数字定义，是以数学的方式对所测对象的量化描述，从这个角度上讲，效度所要求的无非是测验编制者对所测对象的概念、理论与分数所反映的客观对象相一致，而测验结果表明，测验测到了预期的测度，体现了这种一致性。这时，实际上不存在分数解释的问题。然而，测量从不以自身为目的，没有为测量的测量，测量总是从应用出发，并以服务应用为目的。测量的应用有不同的层次，最广泛、最基础的应用源于人们对世界万物量与程度的认知需求，比如以拃量物就是这种最原始、最初级的应用，在这种应用场合，测量对象很明确，测量结果直接满足了认知需求，也就无需解释。但在应用层面上，有时测量对象并不总是很明确的，而应用目的也不见得总与测量对象相一致，特别是在对心理测量和语言测验结果的应用上，分数的意义则属于社会决策的范畴，它所关注的并不是测量问题，不是测量对象、测量方法或测量过程的合理性，而是测量结果的合理应用。从应用的层面讲，它通常反映了一种比较关系或抽样代表性。测量层面分数的意义，前面已经说过。所谓比较，就是分数的意义主要是通过任何一个给定分数与其他分数的关系来显示和说明的；而抽样代表性，就是分数所描绘的测量结果与测量预期的测量目的的同质程度。

分数的某些意义和应用，特别是行为预测方面的解释，不是测出来的，而是经过推断或推论过程猜出来的，既然是推断，就是应用，属于决策范畴，不属于测量本身的问题。

效度还指语言测验分数解释的有效性。

对测验分数的解释，通常可以理解为，根据对测验预期目的和实测结果的比较，对测验目的的实现程度和分数的意义给出实事求是、恰如其分的分析评价，并对测验分数的正确应用，尤其是对基于测验分数的有关决策给出科学的、明确的、合理的建议。要求对语言测验的分数解释的有效性进行验证，主要是因为，社会要求利用语言测验对语言能力做出评价和解释，而语言测验本身又并不具备直接观察语言能力的测量手段，为了处理这个十分棘手的、过去、现在以至将来相当长的一段时期内都缺少终极解决方案的难题，一般的做法都是将被试的应试表现或他们对题目做出的反应当作测验预期要测的那种能力的标志或代表。按照这样的设计，语言测验的分数就不是对测验的测量对象——语言能力的直接观察记录，而是对被试的应试表现或他们对题目做出的反应的观察记录，分数解释只是根据这种记录对被试能力的一种推论，是一种以被试的应试表现为中介的间接的能力评价。这样的评价，其有效性自然需要得到这种表现对语言能力的代表性的支持。

还应看到，对于语言测验来说，分数解释、测量方法和预期目的这三者的有效性是互为前提,互相影响、制约而又相互依赖的。首先,被试的应试表现必然会受到测量方法的影响和制约,因此考虑分数解释的有效性就不得不考虑测量方法的因素;同时由于所谓分数解释的有效性都是相对于一定目的和用途而言的,任何一种分数解释可能对某目的和用途来说有效,而对其他目的和用途就不那么有效;当然,人们也很难想象,一个分数解释方面难以自圆其说的语言测验却有着合理的预期测度或实现了有效的测量控制。因此,语言测验效度的建立不仅需要考查分数解释的有效性,还必须对测验的预期目的、测量方法以及测验分数的有效性进行交互验证。

应当明确,尽管效度是一个程度问题,不存在完全有效或完全无效的问题,但测验分数的解释不允许随测验结果而做任意的处理,其有效性是由测验预期目的有效性所制约的,脱离预期目的,脱离由测验目的所制约的测验过程,单凭测验结果不可能对分数得出任何有效的解释。任何对测验结果或测验分数的解释的改变,都必须重建预期目的,重新设计测量方法,重做效度验证。比如,某国旅游部门请语言测验机构开发了一套专门用于选拔录用旅游从业人员汉语交际能力的测验,然而对实测结果的分析却表明,该测验不太适于这一预期目的,而似乎比较适于其他行业选拔文秘人员。在这种情况下,对该测验的基本评价就是效度不佳,该测验不但不宜继续用于最初设计的目的,而且不应现成地转用于测量文秘人员的汉语交际能力或只是略加修改就推荐给任何其他用户。如有对选拔文秘人员的汉语交际能力测验的需要,就要另行组织设计和开发,并做专门的效度验证。

第二节 内容效度

内容效度是考查从外部特征上看,测验作业在多大程度上能够代表语言能力应用实际的一种指标。

任何测量工具要证明其有效性,都必须回答"所测"是否即为"欲测",即实测与预期测量目标的一致性问题。一般而言,语言测验的测量目标都不是测验情景下的应试能力，而是测验情景以外的其他情景下目的语的应用能力。从这个意义上讲，语言测验中实测与预期测量目标的一致性便体现为测验内容对测验情景以外的其他情景中全部可能的目的语应用作业的代表性。换句话说，语言测验在这里是作为一种抽样工具使用的，每次测验内容都可以视作对全部可能的目的语应用作业的一次抽样样本。20世纪30年代，在教育测量领域，这个问题曾经具体化为测验作为具体的目标课程的样本的代表性，因而一度被称为"课程效度（curricular validity）"，后来才改称"内容效度"。内容效度致力于描述出所有可能的题目，将这些题目定义为"内容域（content domain）"，每次测验所用题目均选自这个内容域（从广义上讲，内容域也包括各种教学大纲以及各种课程的教学目标列表），检验内容效度就是要考查每次测验选中的题目在多大程度上能够成为内容域中所有题目的有代表性的样本。

一　内容效度检验的基本特征

从抽样的角度检验测验效度，有两个关联着的问题——关联性和覆盖面，是必须要回答的。

关联性，就是要求以定性的方法确认"所测"和"欲测"相关。首先，需要从"欲测"的角度对所谓内容域，即预期测量目标或全部可能的目的语应用作业给出一个准确、清晰、详尽的界说或定义；然后，要从"所测"的角度对测验作业从内容到方法的各个方面做出详尽的说明；最后，则要对"所测"和"欲测"两者进行比较并进而对其关联程度做出定性的评价。这里不用确认一致性或同一性的说法，就策略地避开了语言测验的软肋——缺少明确的测度，无法在"能力"这一层次上对"所测"与"欲测"是否同质做出认定，而只是根据"所测"反映的外部效果与"欲测"所提供的刺激条件的关联程度来推论测验实际引起的心理过程的恰当性。所以，关联性考查实质上相当于对语言测验的测量对象——语言能力，建立操作性定义，这个过程体现了一种妥协，就是把一个本来需要在能力水平上做出解释并对测量方法和施测过程的合理性进行验证的问题，降级、替换为对语言应用结果和语言应用作业范围这样一些语言行为的外在属性的相关性甚至只是相似性的描述问题了。

覆盖面,是抽样代表性的另一个特征。如果把一个定义充分的内容域作为"欲测"总体,"所测"样本便永远只是其中一个较小的部分,这样就产生了一个问题,即如果要在语言测验中保证"所测"对于"欲测"的代表性,前者就不能只是后者的一个任意、自然的抽样样本。除了满足相关性的要求之外,一个对"欲测"有代表性的"所测"样本,还必须符合两个要求:一是均衡覆盖,即"欲测"的所有重要的方面在"所测"中都要有所体现,不能有重要的内容缺失;二是比例恰当。一般来说,一个内容域总体各个部分的重要性会有所不同,因此语言测验应对"欲测"的各个部分进行加权处理,使"所测"各部分内容之间的比例关系符合它们在"欲测"内容总体中的实际权重或相对重要性。可见,覆盖面主要是从定量和结构关系的角度来处理样本代表性问题的。

二 内容效度检验的一般程序及定量方法

语言测验的内容效度检验是测验开发者的责任,有能力的测验用户也可以做,但测验编制者及命题人员不能介入检验程序。有关的检验工作必须在测验的规划阶段就着手进行,而不能等开发工作完成以后再来补救。内容效度检验一般包括下列程序。

(一)定义内容域

这一步是内容效度检验最基础的工作,要求在测验规划及其细则中尽可能明确、详尽地确认"欲测"的范围,比较规范的做法是将整个内容域概括为知识和技能的"双向细目表"。测验规划中应确定是否需要对内容域各个部分做加权处理。如果需要做加权处理,就要规定具体的加权方法:可以分别为每个部分加权;可以按权重等级顺序排列所有部分;也可以用一个等级量表来表示各个部分的权重大小。"欲测"内容域一经确定,就成为开发和选择测验题目的主要依据。

(二)聘请独立的专家小组

专家组成员应从语言测验、语言教学方面的资深专家中选聘,注意不能包括测验编制和命题人员。专家组的任务就是根据预定的测验题目与"欲测"项目的匹配方案,判断"所测"内容对"欲测"内容域的代表性如何。

(三)制定测验题目和内容域的匹配方案

最简单的办法是,专家组判断测验中"所测"的每一个单个题目,是否属于一个总的"欲测"内容范围。更精确一点的做法就是把是否匹配改为匹配程度判断,先编制一个等级量表,用最低分数等级表示匹配程度最差或完全不匹配,最高分数等级表示匹配程度最高或完全匹配。专家组对测验中"所测"的全部题目标出分数等级后,计算出平均分数等级或中数来表示整个测验与"欲测"内容域的匹配程度。还有一种"分门别类"的方案,将整个内容域视为"欲测"总集,其中每个项目作为一个子集,专家组只需将每一个"所测"题目"对号入座"式地归入各个子集。

(四)根据匹配方案进行检验

验证语言测验"所测"题目对"欲测"内容域的代表性如何主要是一种主观的、定性式的判断。这种判断的质量取决于很多因素,如人们的实际经验、专业水平、对匹配方案的理解和把握,甚至对测验或内容域本身、测验的设计和开发部门的态度等非技术性原因都可能对判断结果产生影响。因此,即便聘请了专家组,内容效度也很难用定量化的方式来表示,一般的测验也都不要求获得无论是单一的还是综合的数量化的系数。

然而,根据张凯在《语言测验理论与实践》中的介绍,也可以尝试使用下列定量指标:测验题目与"欲测"内容域项目匹配的百分比;"欲测"内容域中重要项目的百分比;"欲测"内容域项目权重与代表这些项目的测验题目数的相关;测验题目与"欲测"内容域项目的一致性指数;没有反映到测验中的"欲测"项目的百分比。这些指数依据的是不同的逻辑前提,所得结果会是很不相同的,实际应用时要有所选择。

三 内容效度本身的局限

在语言测验领域,按照样本对内容域总体的抽样代表性的思路进行效度检验终究难以大有作为。因为内容域总体本身就是一个意义含混的参照物。我们很难定义一个清楚的、不含糊的语言或语言应用的内容范围，即使是在教学和成绩测验中，我们也很难穷尽性地列出学生所可能完成的语言作业。因此，测验对内容范围的代表性很难精确地说出来。

如前所述，效度本质上所质询的是同一性问题，把它替代为抽样代表性问题，以描述结果作为推论的起点，等于是用结果合理性来辩护甚至于替代预期目的和测量过程的合理性，这样从一开始就放弃了从被试反应或表现过程和被试语言心理活动的角度解释分数的可能。由于这种先天不足，所以，即使能够将整个内容域所包含的可能的"欲测"项目全部列出来，内容效度所能检验的也仅止于语言测验的外部属性，最多能够描述一下被试的反应结果，即答对的题目，却无法做出任何推断，既不能推断被试能做什么，也不能推断他们不能做什么。因为语言应用涉及的因素和实际发生的过程都实在太复杂，被试是否答对题目不仅可能关乎语言能力，也可能关乎其他原因，而这些原因可能是非语言的。

综合以上分析，可见内容效度最多只能就事物间的表面相关提出某种推论，而无法为"所测"与"欲测"实质上有多大一致性做出任何验证，所以，有人认为内容效度根本算不上测验效度（Messick，1989）。

内容效度虽然在效度验证方面有重要的局限，但在语言测验设计和开发的大多数阶段，当各种资源有限，无法对测验效度进行充分验证的情况下，测验开发人员仍然需要凭借专业知识和经验，对测验内容即测验最基本的外部特征是否符合测验设计的要求有一个基本的把握。

第三节　效标关联效度

如果不满足于仅仅局限于测验内部，以主观推论的方法估计测验的有效性，而是试图从测验外部寻求直接、独立的效度支持，把效度研究纳入经验科学的轨道，使之成为一种统计效度，我们就必须假设，被试在测验以外其他场合中的某些能力表现对测验所关注的测量对象更有代表性,更能代表测验的实质,从而可以作为测验有效性的外在的独立的标准表现。这种标准表现就是人们一般所说的效标,即测验是否有效的标准参照物。为一个测验建立效标关联效度,首先就要定义并找到效标,然后按照抽样理论对被试的测验表现和标准表现分别进行抽样,对实测数据进行比较,考查两者之间是否存在某种关联以及关联程度如何,并最终在比较的基础上建立起分数的意义。这个过程的实质是在测验表现与标准表现之间建立一种推论关系。在这个过程中,人们一般将被试的测验分数称作预测变量(predictor),尽管实际上这个过程与时间因素并没有必然联系,其作用也不仅限于预测,而是适用于验证根据被试测验表现推论测验外各种场合下被试标准表现的有效性。

一 调查效标关联效度的步骤

调查效标关联效度的过程一般包含下列步骤:

第一,确定一个有代表性的效标。效标要成为代表测量对象的标准的行为样本应满足下列要求:(1)效标对于测验所关注的测量对象的代表性应该是公认的、已经得到证明的,效标应该能够代表理论上测验有效性的最重要的方面。当然,由于价值观的不同,人们对一个效标是否达到了这一要求往往会有不同看法。(2)效标应该是独立于接受效度调查的测验而又可以从现实世界中直接获得的。所谓独立性,就是要求效标数据不应受到预测变量即接受调查的测验分数的影响。为了验证分班考试的效度,教师对学生进行口试,但打分时总是自觉不自觉地参照分班考试的成绩,这就出现了所谓的效标污染(criterion contamination)。这种情况必须避免。一般用作效标的东西不外乎被试在其他测验中的表现或实际操作表现,其中不仅包括被试的学习成绩或工作业绩,也包括教学、训练和工作中的日常考察记录或通过各类调查问卷搜集到的他人对被试表现的评价的数据。(3)效标测量必须具有较高的信度。因为预测变量和效标变量间的相关等于或小于这两个变量信度乘积的平方根。即:

$$r_{xy} \leqslant \sqrt{(r_{xx})(r_{yy})} \qquad (公式\ 6-1)$$

其中，r_{xy}为预测变量与效标变量的相关，在本例中用作效度系数；r_{xx}和r_{yy}分别为预测变量和效标变量的信度。上式清楚地表明，效标关联效度测量的高低取决于效标测量的信度，因此，较高的效标测量信度是测验效度的必要条件。

第二，确定一个适当的被试样本组。被试样本组要有充分的代表性，容量必须够大，否则会增加抽样误差，影响比较分析的准确性，削弱效度调查结果的概括意义，使之局限于较小的范围内。注意样本组的代表性不仅要注意防止单纯的容量缩小，还要特别警惕有时样本组成员散失还会造成样本组的结构失衡，这种情况下散失的样本组成员不是随机分布的，而是常常偏于分数段的两个极端。这样就会造成效标测量全距缩小，进而降低效标变量和预测变量的相关系数，最终导致效度系数降低；而且这样一个有偏的样本既然结构上已经不再能代表总体，在这种条件下收集来的数据也就谈不上有什么效度。

第三，用接受效度调查的测验对样本组施测并做分数记录。

第四，获得效标测量(criterion measurement)数据。即用效标测验对同一样本组施测并做分数记录，或收集被试标准表现的数据，如被试进入中国大学入系学习的成绩。

第五，计算两个测验的关联程度。

二　共时效度和预测效度

1974年，美国心理学协会颁布了《教育与心理测验及其手册的标准》，在这份重要文献中，1921年由美国教育研究指导协会提出的"共时效度"(concurrent)和"预测效度"(predictive)被正式归结为"效标关联效度"，这一事件固然凸显了效度研究在当时的主要发展趋势，然而也说明这两种建立效度的方式其实本质上十分相似，所谓"共时"与"预测"，只不过是就获得接受效度调查的测验分数与效标测量值的时间而言的，而时间因素则远不足以作为效度类别划分的依据。

（一）共时效度

共时效度，顾名思义，就是在获得接受调查的测验分数的大致相同的时间段内，也获得了效标测量的数据。根据这两种数据的关联程度对测验效度进行推论和评估，一般就认为是共时效度调查。

调查共时效度一般可以将另一个公认有效的测验作为收集效标测量值的工具，也可以将被试的实际操作表现作为收集效标测量值的样本。比如，我们开发了一个新的汉语能力测验，为了了解它的效度，我们可以将 HSK 作为收集效标测量值的工具，因为它的有效性是公认的。我们首先将这两个测验在同一被试样本组中施测，然后分析被试在两个测验上的得分有何关联。如果新测验和 HSK 有较高的相关，我们就可以推论这两个测验的测量对象在很大程度上是相同的；而既然作为效标的 HSK 已被公认是有效的，所以就可以推论新的测验在某种程度上也是有效的，亦即新的测验的有效性可以间接地由 HSK 的有效性推导而来。

在语言测验领域，共时的实际操作测度不易获取，很多情况下人们是通过对准操作或模拟操作抽样来收集效标测量值的。比如，我们可以在多项选择汉语能力测验之后请被试的任课汉语教师回答调查问卷，看被试的测验成绩与教师根据对他们日常汉语能力的了解所做的评价是否一致。如果测验得分高的被试从教师那儿得到的能力评价也高，而测验得分低的被试从教师那儿得到的能力评价也低，就说明测验分数的高低与教师对被试实际能力的评价是一致的，我们也就可以推论测验分数能在某种程度上反映出被试的实际能力，也就是说，测验的有效性是由对模拟操作或准操作的评价的有效性推导而来的。

除了对被试的任课老师做问卷调查以外，也可以在测验的同一时间段内对被试进行口语面试或作文考试，并将对考试结果的抽样作为效标测度。

（二）预测效度

预测效度，一般是在获得接受调查的测验分数的同一时间段内，无法收集到效标测量值，只有在将来，即该测验测过一段时间后再收集效标测度的数据，并根据那时的数据从预测变量与效标变量的关联程度的角度对测验有效性进行推论和评估。

从使用目的的角度来看，预测效度对满足现实中决策的需要（如选拔、安置等方面的决策）有着重要作用。作为测验的外部标准变量，效标数据通常都很难在获得测验分数的同时收集到,有时需要等一段时间以后,有时虽然有同时获得的可能,但那样做往往需要付出太多的人力、物力、财力和时间,甚至对被试会有某种危险,不经济,缺少可行性,而现实中人们却经常需要及时做出决定而不能等到将来。这时,人们往往选择先根据当时立即可得的测验分数做决定,以后再对测验的预测效度加以验证。这种做法等于是在获得效标数据之前就假设测验分数是有效的预测变量,实际上就是在透支测验效度,而对测验预测效度的验证,等于是在为这种透支行为进行补救。

三 效标关联效度的计算

效标关联效度作为一种统计效度,通常用预测变量即接受调查的测验分数与效标变量之间的一致性来表示。计算起来有多种方法,用哪种最适当,要视具体情况而定,但最准确、简洁、便于使用和继续做统计分析的方法,就是求取这两种变量之间的相关系数。求相关系数的方法也很多,根据数据的性质,如是否为连续取值,就可以求取积差相关、点双列相关、双列相关、phi 系数、四项相关、等级相关等。下面就看一个例子。

假定某高校开发了一个汉语能力测验用于按程度为外国留学生分班,这个学校在大学几年里还一直为留学生设置汉语课程并组织汉语考试。为了了解分班测验(X)的效标关联效度(预测效度),可以把参加分班测验的全部被试在大学汉语课程的结业考试(Y)成绩当作效标,因为效标分数为连续分布,就可以计算分班测验分数和它们的积差相关系数,结果是预测变量和效标变量的相关达到 0.848,这说明分班测验能够很好地预测被试在大学的汉语课考试成绩,因而具有较高的效标关联效度(预测效度)。模拟的数据和相关系数见下表:

表 6—1 用大学汉语课结业考试(Y)证明分班测验(X)的预测效度

测验 \ 被试	1	2	3	4	5	6	7	8	9	10
分班测验(X)	27	17	31	21	19	28	24	16	26	20
汉语课结业考试(Y)	89	63	93	79	73	83	84	41	87	78
积差相关系数	\multicolumn{10}{c}{$r_{xy}=0.848$}

如果效标分数属于二项分布,如某些测验分数就只有及格或不及格,这时就可以计算测验分数与效标分数之间的双列或点双列相关系数。比如,在上面这个例子中,可以为汉语课结业考试成绩(Y)规定一条及格线,这样就可以把上例的全部连续变量都转化成二分变量。如果我们规定70分为及格线,那么上例的10人中就有两人不及格(2号和8号)。这时计算两个测验分数的双列相关(也可以用点双列相关表示效度系数),得到的效度系数为0.87。数据及效度系数如下表:

表6－2　效标为二分变量时的效度系数

测验＼被试	1	2	3	4	5	6	7	8	9	10
分班测验(X)	27	17	31	21	19	28	24	16	26	20
汉语课结业考试(Y)	89 及格	63 不及格	93 及格	79 及格	73 及格	83 及格	84 及格	41 不及格	87 及格	78 及格
双列相关系数	\multicolumn{10}{c}{$r_{xy}=0.87$}

四　效标关联效度的局限

效标关联效度最明显的一个局限是必然使效度验证过程陷入循环论证。就像张凯在《语言测验理论与实践》中所描绘的:"测验A证明B有效,B证明C有效,C证明D有效,那A的有效性谁来证明呢？也许A就用D证明自己有效。"

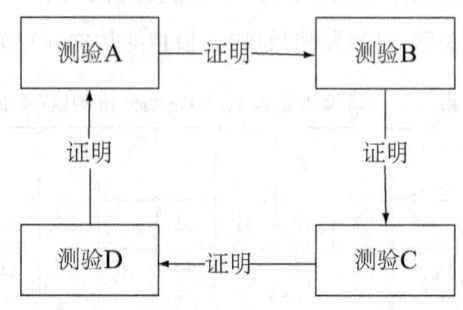

图6－1　效标关联效度证明中的循环论证

循环论证问题似乎难以避免，一个主要症结就在于效标关联效度的验证过程无非是对用同样的或不同的方法测量同一种东西的结果的比较，本质上仍然属于自己证明自己，缺少一个作为终极参照物的效标。人们之所以会有"那A的有效性谁来证明呢？"这样的追问穷诘，说明几乎任何测验都需要确认哪些心理构想说明测验表现，出于理性的驱使，人们不会只是满足于结果之间的比较，必然要寻求更高层次的解释，而根本的解决方案是找到一种终极效标。所谓终极效标，就是能够从发生学的角度，即从事物发生的源头探求发生合理性的解释，为事物间的因果关系提供证明的参照物。

显然，在语言测验领域，终极效标必然涉及语言能力与语言应用行为及语言测验表现的关系，因此只能通过构想效度的验证来获得。然而现实中我们往往找不到或等不及终极效标，因为总有一些急迫之事需要及时决策，这时，为了降低决策风险，人们不得不转而求其次，试图从测验应用的角度为效度找到现实的参照物。效标关联效度一般使用的效标就都是这样的参照物。这样的效标无论指标多高，它能表明关系的也仅止于相关或关联，所以，哪怕高至100％，也是既不能提供源头的解释，也不能确认效标与测验所测是不是同一种能力。于是效标关联效度就堕回其自身的无限循环，即任何效标，其本身的有效性总是有待于来自其他效标的支持，而任何两个效标又都无法为对方提供终极的支持。前面曾经提到预测效度是对效度的透支，其实共时效度做得并不更好，无论是否曾经透支，如果仅限于从相关或效标关联这个角度说明问题，测验有效性这笔账恐怕还得长期拖欠下去。

第四节　构想效度

"构想效度"这个概念是1954年由美国心理学协会在《心理测量与诊断技术的技术建议》中首次提出的，该文献认为：对构想效度的评价，要通过对测验所测心理属性的研究来进行，即，这种研究表明，某些解释性构想在某种程度上解释了测验表现。……构想效度研究，本质上就是证明作为测验基础的理论有效。

Cronbach & Meehl(1955)专门著文对构想效度做了系统的理论阐释。他们认为：每当一个测验要被解释为对某种属性的测度或该测度"操作上未定义"时，就需要建立构想效度。这时，研究者面对的问题是：哪些构想解释了测验表现中的方差？"操作上未定义"表明 Cronbach 和 Meehl 当时已经注意到，心理属性和测验表现的关系中存在着的这种不确定性正是构想效度研究中的一个主要特征。显然，将测验表现归因于某种心理属性甚或"操作上未定义"的不确定因素的作用，对反映这种心理属性的测验构想和作为测验基础的理论提出质疑并加以验证，这些都是构想效度的引进给当时的心理测量领域带来的最显著的变化。因此，甚至在 40 年以后，仍有某些学者盛赞构想效度的引进标志着心理测量"与历史传统和实用传统彻底决裂"，而且"至今仍以显著的方式改变着测验事业"(Rogers,1995：472)。

一 什么是构想

根据张凯(2004)，构想就是假设的概念。构想和概念都是用来指称事物的，但概念指称的对象通常都是具有确定性的、已经证实了的，如长度，而构想指称的对象则仍然停留在假设的水平上，并未证实，人们还没有从操作的角度对构想和它所反映的对象之间的关系加以定义，也还不能对它进行有效测量，如"爱"。构想与概念之间的这种关系并不是一成不变的，随着科学的进步，人们的认识也会深化，某些假设的构想最终会变为确定的概念，如"原子"，而某些原来以为是确定的概念实际上只是得不到证实的构想，如"五行"。

如同它所反映的事物或现象一样，任何构想都不是孤立存在的，人类理性的目光不会停留在单个的事物或现象上，孤立存在的构想没有任何意义。正像 Cronbach & Meehl(1955)所说的，要弄清楚构想所反映的"某物是个什么，就意味着要阐明它藉以发生的诸多规律"。事物发生的规律主要反映的是事物与其周围世界的关系，涉及该事物的构成、它在世界中的位置、它的外部环境、它发生的条件、它的作用和功能、它与其他事物的互动关系等。其中最重要的是构想与一些确定的概念的关系，而对这些关系的系统表述就形成了

Cronbach & Meehl(1955)所说的以构想为核心的,由一系列相互连接的规律构织而成的规则网络,或关于构想所反映的那个事物的理论。换句话说,就是构想是理论的核心,而构想只有纳入理论才有意义。

对世界上任何事物,每个人都有自己的概念或构想,也都会形成自己对规律的认识和理论。这些认识或理论既有确定了的、已经证实了的,也必然有很多是假定性的、未加证实的,甚至是模糊的、扭曲的或残缺不全的。科学工作者与一般人的不同之处就在于,他们总是力图对关注的事物进行表述,在科学理论的表述中,最重要的规律不仅必然涉及构想与一些确定的概念的关系,而且这些确定的概念必然至少是有一些是可观测的。表述科学理论的时候,必须使用科学定律。科学定律从不现成地使用假定的概念和规律,而是通过测量对构想所涉及的所有关系加以验证后的科学发现。

那么构想涉及哪些关系呢?要成为可接受的科学构想,一个必要的条件就是该构想发生在规则网络之中,至少其中的某些规律包含可观察物。(Cronbach & Meehl,1955)确定这种可观测物与构想之间的关系是对测度即心理属性与测验表现的关系从操作上加以定义的需要。

Cronbach 和 Meehl 对测验、构想和理论之间关系的构想过于理想,因而很快发现心理测量中最终的问题是,构想与测度之间的关系中不确定的情况太普遍,人们更多的时候是在永远地猜测、推论,而很少能够证实什么,语言测验也属于这种情况。

语言测验自其诞生以来,绝大多数情况下都与特定的现实应用联系在一起,因而其效度的验证经常是服从于一定的应用目的的。效标关联效度是因为人们希望最大程度地模拟效标或推论效标行为;内容效度则是因为人们希望从外部特征上看,测验能够代表某个特定的领域,如某个课程或教学大纲等。如果仅限于测量应用这个层次,语言测验的效度问题就可以止于方法的范畴,要验证的只是语言测验作为一种测量工具的有效性。测验的应用目的不受质疑,间接推论和循环验证都不会发生,人们无须寻求"终极效标",也就不会有验证构想效度的要求。实际上在常规的应用测量领域,很多测量工具就无须验证构想效度,如尺子。所有有长度的物体都是尺子的测度,尺子的这些测量对象不是任何虚拟或假设的存在,而是确定无疑的,可以由明确的概念来表示的实体,不需要从理论上加以定义或解释,也不需要对其存在加以验证。语言测验则不同,语言测验并不是已经有了确定的测量对象的测量。它测的是什么,没人能够说清楚。换句话说,语言测验的测度迄今为止仍然处于探索阶段,人们尽管对语言能力有了种种理论,但这些理论所描绘的语言能力仍然是未经确定的概念,因而既非实体,亦非确定的概念,而只是一个虚拟的测度,这个虚拟的测度就是构想。这个构想不一定真实反映了语言能力,它的科学性是需要验证的。构想效度就正是从这个角度来验证测验效度的,而这种效度实际上是一种理论效度。

近二十年来的对表现过程的心理分析及相关研究直接关注构想效度的理论有效性的方面,非常可喜,惜乎这种研究使用的方法和大多数心理测验使用的方法一样,大半还只能是间接的,效度本身就经常靠不住。

内容效度和效标关联效度尽管各有局限,但几十年来一直被人们用作效度验证的重要方法,即使在效度一元化以后,仍然被列作构想效度的证据的重要来源。其实,内容效度和效标关联效度仅仅给我们提供了推论的材料,效标关联效度只在应用阶段有用,内容效度和效标关联效度对于科学探索来讲,既不是科学的方法,也不能作为证据。而这样的目的或策略是禁不起推敲或追问的,因为测的东西本身不是个确定的对象。如果我们追问这个对象,那就进入了探究未知领域这个层次了,这个对象实际总是反映了人们对它的构想。在这个层次上,内容和效标方面的证据要说还能帮得上忙的话,就是为人们建立构想前提供一些推论的资料,不过仅止于帮助推论而已,与验证无关。

与内容效度和效标关联效度不同,构想效度并非某种效度验证的方法或途径,而是揭示了效度的实质。前边讲到效度指的是预期目的的有效性,预期目的的核心就是构想。

所以所有语言测验的预期目的中都必然包含一种假设,而这种假设必然把被试的应试表现,即被试在题目反应上的一致性,看作是测验预期要测的那种能力的效标或代表;同时语言测验采用的所有测量手段也都是服务于最大限度地实现这一测验预期目的的。所以,根据语言测验的分数对被试语言能力的任何解释,都并不是对这种能力直接观察的结果,而是以被试反应为中介的,是一种间接的评价。分数解释的有效性也可以看作是这些效标对能力的代表性的验证。不仅如此,语言测验中,预期目的和测量的有效性必然影响和制约并又反过来依赖分数解释的有效性。

"构想"(construct)和"表现"(performance)是包括语言测验、心理测量和教育测量在内的整个测量领域最关注的两个重要概念。在测量领域这个科学共同体内,现在逐渐趋于一致的看法是,构想由于定义了测验或测量的本体,因而是效度研究的出发点和最终归宿;而表现则指测验或测量工具的直接操作对象,对表现的观察和研究提供了建立效度所依据的来自经验世界的最重要的信息。然而,什么是构想?构想所定义的测验或测量的本体是什么?构想和表现之间又是什么关系?

人们并非对能力的表现,也不是对表现出来的能力做评价,而仅仅是对表现做评价,因为人们看到的表现不见得是能力的表现,表现出来的也未必是能力,甚至没有表现也不能判定为没有能力,所以人们直接观察到的只是表现而已。人们所能做的只是根据数据做尽可能接近事实的分析假设而已。

尽管对象无法直接观察,现实的各种需要又迫使人们对这些对象和属性做出评价并进而根据这样的评价做出进一步的决策,这就产生了一种特殊的需要,即在某些人类行为与这些对象和属性之间建立某种关联,把这些行为假设为这些对象的外在表现或具有这种属性的表现。人类的行为和表现是可以观察和量化的,人们就通过这些观察和量化的结果来对真正的测验对象和属性进行推论。所以,语言测验测的既非能力实体,也非人们的观念,而是虚拟的实体。为这样的测量建立效度的过程实质上就是一个假设检验的过程,这一过程不仅要考查测验实现预期目的的程度,而且需要验证预期目的本身是否有效。

语言测验属于处于探索阶段的测量,这是由于迄今为止,语言能力及其各种属性,这种一般人想当然地以为知道是什么的东西其实对人类而言还属于未知世界,其中的多数领域对于人类来说都还是未知的,处于正在探索和有待探索的阶段。跟一般人自以为知道的不同,语言测验测量的对象不是语言能力,也不是人们形成的能力概念,而且不是有了清晰定义,可以直接观察的客观存在的实体。所以,语言测验并不是测量概念和构想,也不是测量构想所反映的对象本身,而是测量一种虚拟的实体。因此语言能力测验的效度总带有一定的不确定成分,总是可以质疑的,而且与一般有明确测度的测量工具不同的是,语言测验的预期目的并非单一的测量应用,而是包含着两个层面的意义:科学探索和实际应用。效度既指语言测验作为一种科学探索工具理论上的有效性,也指它作为一种实际应用工具为使用者做出判断和决策提供依据的有效性。

分数解释的有效性也不仅是测量的问题,还有理论的问题。

从科学探索的层面上说,开发测验所依据的测验构想和语言能力理论都需要语言测验提供证据支持,因此效度是一种实现理论目标的工具。效度考察的是:所测心理属性或构想的有效性,即在多大程度上测验编制者所构想或预期测量的那种语言能力是客观实在的;理论的有效性,即测验编制者所持语言能力理论对测验构想与其他构想、测验构想与语境及观测层面的语言表现的关系等的描述和概括在多大程度上是准确有效的。

二　检验构想效度的经验性方法

我们往往根据事先提出的理论构想去设计一个测验。从提出构想到构想效度的证明,大致要经过三个阶段。

第一阶段,我们要提出一个有关语言能力的理论框架,亦即构想。例如,我们认为,所谓的语言能力由听、说、读、写四种技能或子能力组成,这就是我们关于语言能力的构想。同时我们还应该设想,这四种能力在什么程度上能够相互区别或相互关联。这个构想本质上是一个理论假说,人的语言能力是不是由这四种能力构成的,还需要检验。但是,语言能力是一个抽象的概念,不可直接观察,也不能直接检验,所以,我们必须使这个抽象的概念能够被操作,也就是说,我们要对这个所谓的能力进行操作性定义。

第二阶段就是操作性定义的阶段。我们在理论上认为语言能力是由听、说、读、写四种能力组成的,那么我们就编制四个相应的测验,分别去测量这四种能力。然后被试去做这些测验,给出他们的答案。这个过程的实质是,我们用这四个测验去刺激被试,被试在题目的刺激下表现出某种行为(答对或答错题目),我们假设,这些行为是听、说、读、写四种能力的表现。这就是对这四种能力进行操作性定义的过程,即我们用题目去"操作"被试的能力,而题目就是对能力的"操作性定义"。

第三阶段是检验。我们构想了语言能力的组成成分及其相互间的关系,也编制了相应的测验去测被试,需要检验的是,测验的结果是否和我们的理论构想一致。如果测验结果和我们构想的一致,那么测验就具有一定程度的构想效度;如果不一致,则测验缺乏构想效度。下面,我们就介绍几种具体的检验方法。

(一)相关分析

假定我们要编制一个"听力"测验,并且试图在从简单到复杂的几种程度上去测量所谓的"听力",我们可能就把测验设计成三部分:第一部分听单词,第二部分听单句,第三部分听成段的材料。尽管题目形式上是从简单到复杂,但因为要测的都是听力这同一种能力,所以我们认为,被试在这三个部分上的得分应该具有较高相关(如 $r \geqslant 0.9$)。测验分数出来后,对这三个部分的分数做相关分析(一般使用皮尔森积差相关),如果分析结果表明这三部分之间均达到较高相关(如 0.9 或以上),就表明测量结果和我们的构想一致,测验具有构想效度;如果三部分之间的相关较低或很低,我们的构想就没有得到验证。

再假定,我们要编制听力和阅读两个测验,分别测量听力和阅读能力,我们的假设是,这是两种不同的能力,它们之间的相关应该比较低。如果相关分析的结果表明这两种测验之间的相关的确不高,我们的构想也得到验证。

(二)因素分析

在测验结构比较简单的情况下,使用相关分析就能够达到检验构想效度的目的。当测验的组成部分比较多时,分测验之间的相关关系就变得比较复杂而难以解释。这时候,我们就要使用更复杂的统计分析方法,因素分析就是常用的一种。

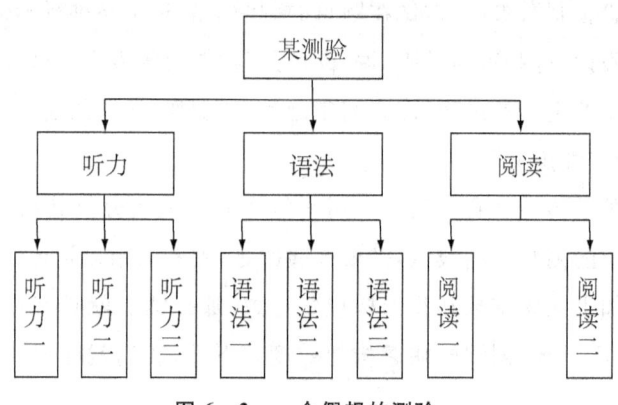

图 6-2 一个假想的测验

假定有一个测验,它由听力、语法、阅读三大部分组成,每部分又由两个或三个小部分组成(图 6-2)。表 6-3 是这个测验各部分间的相关矩阵。

表 6-3 一个假想的测验的相关矩阵

	听力一	听力二	听力三	语法一	语法二	语法三	阅读一	阅读二
听力一	1.000	0.963	0.786	0.016	−0.028	−0.178	−0.253	−0.234
听力二		1.000	0.803	−0.159	−0.199	−0.321	−0.282	−0.254
听力三			1.000	0.097	0.079	0.026	−0.311	−0.280
语法一				1.000	0.988	0.902	−0.120	−0.164
语法二					1.000	0.913	−0.116	−0.157
语法三						1.000	−0.209	−0.244
阅读一							1.000	0.985
阅读二								1.000

设计这个测验时的构想是:用三个"听力"部分去测所谓的听力,三个"语法"部分去测所谓的语法,两个"阅读"部分去测所谓的阅读。换句话说,这个测验有八个部分,总共打算测三种能力,测验的特定部分与相应的能力对应。但测验的结果是否和预先的构想一致?这是需要检验的。由于测验的组成部分比较多,表 6-3 显示,各部分之间的相关关系比较复杂,不容易看清楚(表

6—3是模拟的数据,所以各个相关关系相对还比较清楚,在真实的测验中,不大容易见到这么清楚的相关矩阵)。要想让测验各部分之间的关系突显出来,我们可以用因素分析这种方法。

因素分析(也称"因子分析")的基本原理是,把原始变量(如"听力一"等)之间复杂的相关关系简化,使数量较多的原始变量聚集成数量较少的"因素",这些"因素"代表被这些原始变量测到的能力。[①]

表6—4 因素负荷矩阵(因素分析的结果)

	因素		
	1	2	3
听力一	0.978*	−0.044	−0.076
听力二	0.956*	−0.216	−0.124
听力三	0.821*	0.083	−0.155
语法一	0.058	0.988*	−0.034
语法二	0.014	0.991*	−0.037
语法三	−0.160	0.942*	−0.173
阅读一	−0.183	−0.076	0.977*
阅读二	−0.170	−0.118	0.974*

表6—4是对表6—3所示相关矩阵的因素分析结果。分析结果表明,"听力一"到"阅读二"这八个变量中,存在三个因素(编号为1、2、3),表中的数字,是这八个变量在这三个因素上的负荷。因素负荷的大小,表示某变量在什么程度上测到了某因素所代表的潜在的能力,某变量在某因素上的负荷(绝对值)越大,该变量就越能测到该因素所代表的能力。在表6—4中我们看到,"听力一"等三个听力部分,均在第一个因素上有高负荷(表中带*的数字),而在其他两个因素上有低负荷,这表明,这三个部分测到一个共同的因素。依此类推,"语法一"等三个语法部分,测到第二个因素;阅读的两个部分测到第三

[①] 关于因素分析的原理,本书不赘述,详见有关著作,如芝祐顺《因素分析法》(曹亦薇译,人民教育出版社,1999)、谢小庆、王丽《因素分析》(中国社会科学出版社,1989)等。

个因素。

得到因素负荷矩阵后,我们要根据因素的负荷状况进行分析并给因素命名。

表6－4的数据显示,测听力的三个部分在"因素1"上有高负荷,而在其他两个因素上负荷很低;测语法的三个部分在"因素2"上有高负荷;测阅读的两个部分在"因素3"上有高负荷。据此我们有理由把"因素1"命名为"听力","因素2"命名为"语法","因素3"命名为"阅读"。这个结果和我们当初的构想一致,因此,这个由八个部分组成的测验的构想效度得到了验证。

需要说明的是,上面的例子是假想的,使用的是模拟数据。如果我们用因素分析对实测数据进行分析,其结果往往不像上面的例子那样清晰。在测验的开发和实践中,我们的构想可能包含了错误的假设,作为操作性定义的题目可能没有充分代表所测构想,实测数据中可能掺杂了来源不明的误差,这些原因都可能导致因素负荷不清晰、不明确,而使因素分析的结果难以解释,进而使测验的构想效度得不到验证。

(三)多特质－多方法分析

多特质－多方法分析也是检验构想效度时常用的一种方法。

假定我们要测量三种能力(这里叫"特质"),为此,我们设计或寻找三种不同的测量方法,暂且叫作"方法一"、"方法二"和"方法三"。假定三种方法分别能有效地测量到相应的能力(图6－3中的"特质")。这里所谓的"能力"(或"特质"),就是我们提出的构想,我们想要检验的是,特定的方法是否能有效地测出特定的能力,而用不同的方法测量不同的能力时,是否有所不同。

进一步假设,用某种特定方法测量某一种能力,应该是最适当的;用不同方法测量同一种能力,应该显示出较高的相关,因为它们所测的能力是相同的;用同一种方法测量不同能力,或者用不同方法测量不同能力,应该显示出某种程度上的差异。

于是我们这样设计测验:用三种方法去测三种不同的能力,每种方法均编制三个测验。我们看图6—3,按照方法一,我们设计三个测验M1T1、M1T2、M1T3(M表示"方法",T表示"特质"),M1T1是用方法一测特质一的测验,这是我们认为最合适的测验与能力的匹配,M1T2是用方法一测特质二的测验,M1T3是用方法一测特质三的测验,其余类推。这样,如图6—3所示,一共有九个测验。

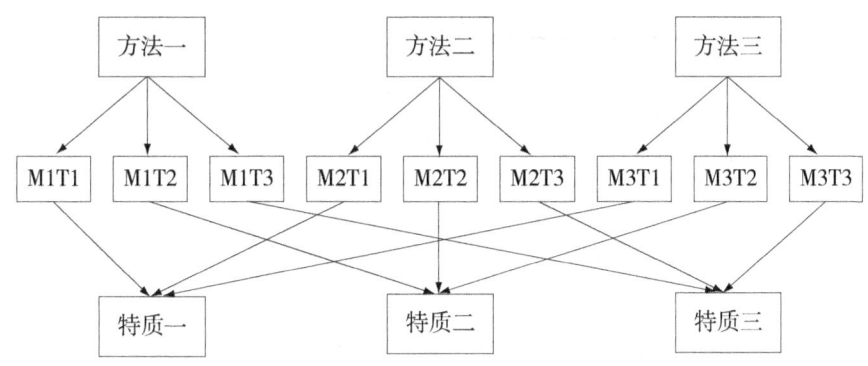

图6—3 多特质—多方法分析的设计

施测之后,计算出每个测验的信度,和九个测验之间的相关系数,然后把这些数字按照表6—5的方式排成一个矩阵。

矩阵里的数字分为四类:第一类,主对角线上的数字(加括号的数字)是9个测验(M1T1等)的信度(如测验的α系数)。第二类,次对角线上的数字(表中加粗的斜体数字),是用不同方法测同一种特质时两个测验的相关。如表中第四行第一列的0.86,表示图6—3中M1T1和M2T1测量特质一时的相关,这个数也就是M1T1和M2T1的效标关联效度,亦即测验的效度系数。第三类,表中实线三角框里的数字,表示用相同方法测量不同特质时两个测验的相关。如表中第二行第一列的0.28,表示图6—3中M1T1和M1T2分别测量特质一和特质二时的相关。第四类,表中虚线三角框里的数字,表示用不同方法测量不同特质时两个测验的相关。如表中第四行第二列的0.32,表示图6—3中M1T2和M2T1分别测量特质二和特质一时的相关。

表 6-5 多特质－多方法矩阵（张凯，2002b，引用时有改动）

	特质	方法一 一	方法一 二	方法一 三	方法二 一	方法二 二	方法二 三	方法三 一	方法三 二	方法三 三
方法一	特质一	(0.95)								
方法一	特质二	0.28	(0.86)							
方法一	特质三	0.58	0.39	(0.92)						
方法二	特质一	*0.86*	0.32	0.57	(0.95)					
方法二	特质二	0.30	*0.90*	0.40	0.39	(0.76)				
方法二	特质三	0.52	0.31	*0.86*	0.55	0.26	(0.84)			
方法三	特质一	*0.73*	0.10	0.43	*0.64*	0.17	0.37	(0.48)		
方法三	特质二	0.10	*0.63*	0.17	0.22	*0.67*	0.19	0.15	(0.41)	
方法三	特质三	0.35	0.16	*0.52*	0.31	0.17	*0.56*	0.41	0.30	(0.58)

我们希望得到的结果是：第一，主对角线上的数字（各测验信度系数）越大越好，最好大于其余的所有数。如果主对角线上的信度系数都大于其余数字，这说明九个测验都有很高的信度，因而也就都有一定的效度。第二，次对角线上的数字也要比较大，但要小于主对角线上的信度系数。次对角线上的数字是用不同方法测量同一特质时两个测验的相关系数，如果它们比较大，说明它们都有效地测到了同一个特质，但它们不应大于主对角线上的数，因为它们毕竟属于不同的方法，不同方法带来的误差应该使相关程度有所下降。第三，实线三角框里的数字越小越好，它们表示相同方法测不同特质，虽然方法相同，但因为所测的是不同特质，因此不应该有相关。第四，虚线三角框里的数字越小越好，它们表示不同方法测不同特质，方法不同、特质不同，那它们之间就更不应该有相关。

如果某个多特质－多方法分析得到了上述结果,那就说明,我们设计的若干测验均符合我们的构想,具有良好的构想效度,因为它们都测到了我们让它测的东西,没测到我们没让它测的东西。

表6－5不是来自实测数据,而是我们编造的,现在我们对它做一个分析。

表中显示,按方法一编制的三个测验M1T1、M1T2、M1T3均具有较高的信度,信度系数分别是0.95、0.86、0.92,尤其是M1T1信度最高,这说明它适于测量我们打算让它测的特质一,用这种方法测特质二时,其信度也可接受。

M1T1、M1T2、M1T3之间的相关(分别是0.28、0.58、0.39)不高,说明三个特质有所不同。

现在看按方法二编制的三个测验M2T1、M2T2、M2T3,理想的结果应该是M2T2的信度最高,其余两个信度稍低。因为M2T2是为特质二设计的。但实际结果是,M2T1的信度最高,M2T2和M2T3的信度较低。这说明,根据方法二设计的测验并不适用于特质二,而是更适用于特质一。

现在来看方法一的三个测验和方法二的三个测验测量相同特质时的相关:M1T1和M2T1为0.86,M1T2和M2T2为0.90,M1T3和M2T3为0.86,三对测验间的效标关联效度都比较高,这表明三对测验分别测量到了三个不同的特质。

至于方法三,情况就比较糟糕了。方法三的三个测验的信度都很低,而这三个测验与方法一或方法二测量相同特质时的相关虽然也都不高(最高的是M1T1和M3T1间的0.73),但大部分高于其自身的信度。这表明,方法三可能是一个不适用的方法,或者,根据方法三编制的测验质量较差。

根据表6－5的数据情况,我们可以得出一个总的解释:我们所要测量的三个特质可能是存在的;按照"方法一"编制的三个测验具有较高的信度,也具有较高的效度;按照方法二和方法三编制的六个测验的信度大都不高,这两种方法可能存在问题。总之,我们当初的构想没有得到验证。

思考题

1. 什么是测验的效度?

2. 效度一共分为几种？
3. 什么是内容效度？
4. 什么是效标关联效度？
5. 怎样证明效标关联效度？
6. 证明构想效度有哪些方法？

第七章 项目反应理论和概化理论

第一节 项目反应理论

一 项目反应理论的出现

1952年,Lord发表了题为 *A Theory of Test Scores* 的博士论文。在这篇论文里,Lord提出了一个项目反应模型,即双参数正态穹形模型[①],该模型被认为是第一个项目反应模型,它标志着项目反应理论(Item Response Theory,简称IRT)的诞生。

1957年左右,Birnbaum提出了逻辑斯蒂(logistic)模型以代替Lord的正态模型,原因是逻辑斯蒂模型在计算上要简单得多。Birnbaum当时为美国军方工作,其工作是保密的,所以直到1968年他的论述才得以发表。

1960年,丹麦的Rasch发表了 *Probabilistic Models for Some Intelligence and Attainment Test* 一书,书中提出了三个测量模型,其中第三个后来被认为是Rasch模型的原型,然而这个说法是有争议的。[②]

1968年Lord和Novick出版了 *Statistical Theories of Mental Test*

---

① 该模型的原文为normal ogive model,中文文献往往译为"卵形模型",是错译。Ogive原指建筑物的穹顶,也指鸡蛋、炮弹等物体的圆头部分,后来高尔顿用这个词指一条S形曲线。中文里还有译作"肩形模型(曲线)"的,那就更是不知所宗了。

② 可参阅张凯《Rasch模型考辨》,张旺熹、王佶旻主编,《中国汉语水平考试HSK(改进版)研究》,北京语言大学出版社,2010。

Scores，这部书被认为是心理测量的经典著作之一。该书有五章讨论 IRT，其中有四章是 Birnbaum 写的，也就是说 Birnbaum 关于 IRT 的论著到这时才得以面世。

1980 年，Lord 出版了 *Applications to Item Response Theory to Practical Testing Problems*，书中介绍了参数估计以及 IRT 模型的应用问题。

伴随着 IRT 出现的，是人们对经典测验理论（真分数理论）的批判。在心理和教育测量领域，人们一般认为经典测验理论有四个弱点：第一，样本依赖。这是经典测验理论的最大弱点。被试特性和测验特性相互依赖：测验或题目的难度依赖于被试，而被试的能力水平又依赖于测验或题目的难度。第二，信度和误差问题。"经典测验理论的另一个问题在于它对信度和标准误差的定义，而后者可以看成是前者的另一面。在经典测验理论的框架内，信度被定义为'平行测验分数之间的相关'。在实践中，就算有可能，我们也很难满足平行测验的定义。现在可用的各种信度系数，不是下限估计，就是包含了不明偏差的估计。测量的标准误差是分数的信度和方差的函数，其问题在于，我们假设它对所有被试都一样。但正如上面指出的那样，对能力不同的被试来说，任何测验分数都不是同样精确的。因此，对所有被试都作标准误差相等的假设是令人难以置信的。"[①]第三，无法知道被试在单个题目上的表现。经典测验的真分数模型并没有考虑被试对一个特定的题目如何反应。因此，我们无法估计一个特定的被试之于一个特定的题目能有多好的表现。说得更清楚一些就是，经典测验理论不允许我们预测一个或一组被试在一个特定题目上的表现。[②] 第四，不能"因人施测"。"既然施测项目在被试水平跟其难度匹配时具有最强的鉴别力，为什么高、中、低水平的被试都实施同一测验，而不'因人施测'，对不同水平的被试实施难度各相匹配的'自适应测验'呢？"[③]

---

① Hamblton,R.D.,H.Swaminathan,H.J.Roger, *Fundamental of Item Response Theory*.SAGE Publications,1991,p.4.

② Hamblton,R.D.,H.Swaminathan,H.J.Roger, *Fundamental of Item Response Theory*.SAGE Publications,1991,p.4.

③ 漆书青、戴海崎《项目反应理论及其应用研究》，江西高校出版社,1992,第 8 页。

由于经典测验理论被指有上述弱点，IRT 则力图超越它，于是 IRT 被称为现代测验理论。然而，和经典测验理论相比，IRT 的数学形式要复杂得多，参数估计的运算量极大，在 20 世纪 80 年代以前，因计算机尚未普及，IRT 的发展和传播受到了极大的限制。到了 80 年代以后，个人计算机的迅速普及，才使得 IRT 的应用和推广速度有可能大大加快。

虽说计算机的普及使 IRT 的运用和推广成为可能，但对很多人来说，IRT 的数学模型过于抽象，计算过于复杂，因此，IRT 的原理是否被人们很好地理解了，也很难说。

二　项目反应理论的基本原理

项目反应理论，顾名思义，就是为描述被试对项目的反应而提出的一种理论，所谓项目(item)，其实就是通常所说的题目。前面说过，经典测验理论的弱点之一，是不能描写被试在单个题目上的表现：被试答对了一题，就给分，答错了就不给分，除此之外，我们得不到其他任何信息。换句话说，如果被试只回答了一个题目，无论答对还是答错，我们都不能对被试能力或题目难度做任何推断。只有当一个被试在 100 题里答对了 70 题，或 100 个被试中有 70 人答对了某个题时，我们才能对被试能力或题目难度有一个基本的估计。

(一) IRT 模型和 ICC 曲线的由来

Lord(1952；Lord & Novick,1968)在提出第一个 IRT 模型时，看到了这样一种现象：有一个测验(比如说 160 题)，且有一组被试完成了这个测验。虽然这些被试总分各不相同，但如果把被试按所得总分分成不同的组，我们会发现每一个题目在不同的组里的答对率是不同的。例如，把被试按总分分为 13 个组(40 分到 160 分，每组的分数差距是 10 分)。假定有一个题目，那么该题在不同组里的答对率是什么样子呢？不难想象，在低分组里，该题的答对率应该比较低，在高分组里，答对率会比较高(图 7—1)。

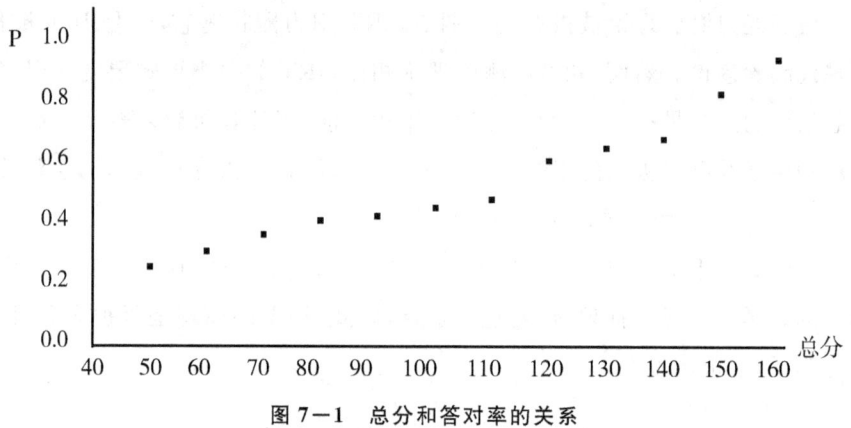

图 7—1 总分和答对率的关系

图7—1的横轴表示被试的总分,纵轴表示某个题目的答对率,把各组被试的总分和答对率描成散点,就形成了图中的那条曲线,这条线表示总分和答对率之间的关系。这个关系显示,总分越高,被试的能力就越强,而他们在某题上的答对率也就越高。

于是,Lord想到,把图7—1改造一下,用横轴代表一组被试的能力,用纵轴代表这组被试在一个题目上的答对概率。

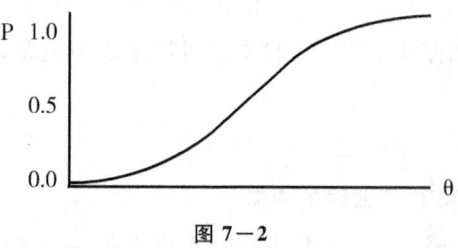

图 7—2

图7—1随便改一下,就成了图7—2的样子(或类似的样子)。这幅图,可以表示这样一个想法:随着一个量的增加(横轴表示的量,即自变量),另一个量(纵轴表示的量,即因变量)也在增加。这个想法还可以更具体地表述为:随着被试能力水平的提高(横轴),他答对一个题目的概率也在提高,或者,高水平的被试以较高的概率答对一个题,而低水平的被试以较低的概率答对这个题。

下一个问题就是:能不能找到或发明一个函数,其自变量和因变量的变化,能够形成类似图7—2那样的图形?

在 A Theory of Test Scores 里,Lord 找到了"转置的正态累积函数",这个函数比较麻烦,我们可以不管它。Birnbaum(Lord & Novick,1968)找到了逻辑斯蒂函数,这个函数比正态函数简单得多(见公式7—1)。

$$P = \frac{e^x}{1+e^x} \tag{公式7-1}$$

逻辑斯蒂函数(公式7—1)表示的是一种已知的概率分布,即逻辑斯蒂分布。巧得很,这个函数正好能形成图7—2那样的图形。

下一步怎么办?我们要分析这个函数的特征。这个函数的形式很简单:e 是自然对数的底,近似值为2.71,是个常数;自变量只有一个,即 x。这个函数(或它的图形)有什么特征呢?

第一,这是一个单调增加的函数;第二,它的图形是一个点对称的图形,其对称点就是它的拐点;第三,如果我们把纵轴的全长规定为1的话,拐点的纵坐标永远是0.5;第四,由于 $e^0=1$,所以,当 $x=0$ 时,$P=0.5$,这也就是拐点的纵坐标;第五,在某种极端条件下,曲线的某些部分的纵坐标可能是0或1(即曲线可能不经过纵坐标为0.3或0.8这些点),但纵坐标为0.5这个点,它一定要经过(详见下文)。

知道这个函数有上述特征(现在我们只考虑前四个),我们就要想办法让这些特征表示我们想让它表示的东西,换句话说,就是要想办法给这些特征赋予一定的意义。由于函数里只有 x 一个自变量,我们就只能在这个 x 上想办法。

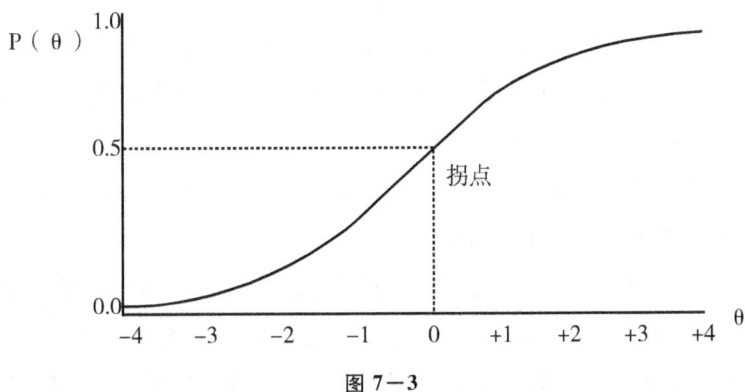

图7—3

首先我们让横坐标代表被试的能力，被试的能力值记为 θ，其取值范围从理论上说是负无穷大到正无穷大（$-\infty \to \infty$），在实际上它一般不会超出 -4 到 $+4$ 这个范围；纵坐标代表答对某题的概率，取值范围是 0 到 1（图7-3）。

由于拐点是曲线上唯一稳定的点（纵坐标总是 0.5），我们就用这个点表示题目的难度，而难度的大小，由这个点的横坐标，即 θ 值表示。θ 值的取值范围是 -4 到 $+4$，那么用哪个 θ 值表示题目难度呢？因为横坐标所表示的 θ 值是自变量，我们就用正好使曲线的纵坐标（因变量）等于 0.5 的那个 θ 值表示题目难度。怎么做到这一点呢？我们把公式7-1里的 x 分解，分解为 $(\theta-b)$，这样，公式7-1就变成了公式7-2：

$$P = \frac{e^{\theta-b}}{1+e^{\theta-b}} \qquad (公式7-2)$$

从"公式7-2"和"图7-3"中可以看出，θ 在 -4 到 $+4$ 的范围里依次取值，P 的值不断增加，当 $\theta=b$，亦即 $\theta-b=0$ 时，P 正好等于 0.5，因为 $e^0=1$。在这里我们可以看出，题目难度 b 的大小，是由能力值 θ 决定的。

我们在本小节开头说，IRT 试图找到一种方式，来描写被试对一个单个的题目是如何反应的，现在我们找到了这个方式，公式7-2以及图7-3就是这样一个描述方式。现在我们来归纳一下。

公式7-2是一个单调增加的函数，假定有一组被试，对一个难度为 b 的题目做出反应，其反应模式是，能力水平低的被试以较低的概率答对这个题，能力水平高的被试以较高的概率答对这个题；或者说，随着被试能力水平的不断提高，其答对这个题目的概率也不断提高。另外，公式7-2以及图7-3还刻画了被试能力和题目难度，以及被试能力和题目难度之间的关系，至于这两个东西的关系及其实质，我们在"参数估计"部分再讨论。

图7-3中的曲线叫作"项目特征曲线"（Item Characteristic Curve，简称 ICC），它直观地表现了一个题目的特征。

那么我们刚才做了什么呢？我们刚才所做的，就叫作"数学建模"，即根据我们对一现象或过程的理解，为该现象或过程建立一个数学模型。有了数学模型，我们也许可以更好地理解或描写这个现象。建立数学模型，可以选择一个已知的函数（数学方程），也可以发明一个函数，模型的数学形式是已知的还是新发明的并不重要，只要它能够定量地描写我们让它描写的现象就行。

公式 7-2 就是一个模型，而且非常有名，它叫"Rasch 模型"。当然这个模型不是我们建的，我们只是简单地介绍了它是如何建立的。

（二）参数及其意义

IRT 模型是一个有若干成员的家族，其始祖是 Lord 的双参数穹形模型，其后出现了几个逻辑斯蒂模型，按模型中参数的多少分为单参数、双参数、三参数逻辑斯蒂模型，以及上一小节介绍过的 Rasch 模型。所谓"参数"，就是模型中的自变量，如 Rasch 模型中的 θ 和 b，其中 θ 是被试的能力参数，b 是题目参数。能力参数是表示被试能力水平的，题目参数表示的是题目特征，所谓的"单参数、双参数、三参数"，指的是模型中题目参数的个数。

1. 单参数逻辑斯蒂模型

前边说过，Lord 发明的模型是个正态模型，用的是"转置的正态累积曲线"。后来人们嫌它太复杂，就用逻辑斯蒂模型取代了正态模型。逻辑斯蒂是一种已知的概率分布，它的性质和正态分布接近，而数学形式要简单很多。公式 7-3 就是单参数逻辑斯蒂模型，因为模型中只有一个题目参数 b，故称"单参数"。

$$P = \frac{e^{D(\theta-b)}}{1+e^{D(\theta-b)}} \text{ 或 } P = \frac{e^{1.7(\theta-b)}}{1+e^{1.7(\theta-b)}} \qquad \text{（公式 7-3）}$$

公式 7-3 和前边介绍过的 Rasch 模型非常相似，只不过它在自变量的前边乘上了一个 D。这个 D 是干什么用的呢？

我们刚才说逻辑斯蒂分布和正态分布在形态上相近，虽说相近，但仍然有一定的差异，为了使这个差异更小，或者说让逻辑斯蒂分布更接近正态分布，我们可以对逻辑斯蒂模型做一点调节，给它乘上一个数，这个数也就是 D，叫调节系数（scaling factor，有的文献错译为"量表因子"）。通过实验，当 D 取值为 1.7 时，逻辑斯蒂分布和正态分布在各个区间上的差异都不大于 0.01，所以，D 的取值为 1.7。

在形式上,单参数逻辑斯蒂模型和 Rasch 模型的差异就在是否有 D 上,当然,需要说明的是,这两个模型来历不同,单参数逻辑斯蒂模型是 Birnbaum 提出来的,而 Rasch 模型的来历还不十分清楚。[①]

单参数逻辑斯蒂模型还可以改写成一种更简单的形式:

$$P = \frac{1}{1+e^{-D(\theta-b)}} \qquad (公式\ 7-4)$$

关于题目难度参数,有如下说法:"一个题目的 b 参数,就是能力量表上正确反应概率为 0.5 的那一点。这个参数是一个位置参数,它表明 ICC 和能力量表之间的位置关系。b 参数的值越大,被试以 0.5 概率的机会答对该题的能力就越大,因此题目就越难。难题落在能力量表的右侧或高端,易题落在能力量表的左侧或低端。"[②]

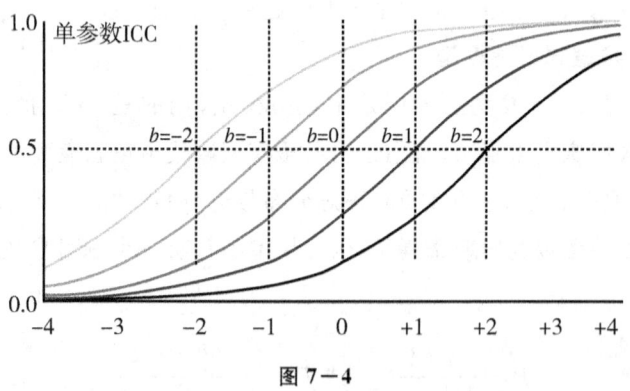

图 7—4

图 7—4 显示了 5 个题目的 ICC,其中 $b=-2$ 的题最容易,$b=2$ 的题最难。由于难度值 b 是由能力值 θ 决定的,所以 b 的取值范围也是从 -4 到 $+4$。

2. 双参数逻辑斯蒂模型

双参数模型,顾名思义,就是有两个题目参数的模型。给单参数模型增加一个参数,我们就得到了双参数模型(公式 7—5)。

---

① 张凯《Rasch 模型考辨》,张旺熹、王佶旻主编,《中国汉语水平考试 HSK(改进版)研究》,北京语言大学出版社,2010。

② Hamblton,R.D.,H.Swaminathan,H.J.Roger, *Fundamental of Item Response Theory*. SAGE Publications,1991,p.13.

$$P = \frac{e^{Da(\theta-b)}}{1+e^{Da(\theta-b)}} = \frac{1}{1+e^{-Da(\theta-b)}} \qquad (公式7-5)$$

我们看到，和单参数模型相比，双参数模型在$(\theta-b)$前多乘了一个a，这个参数a叫作题目的区分度。区分度这个词大家并不陌生，在真分数理论里，它是衡量题目质量的一个重要指标。在 IRT 里，a 具有类似的含义。

逻辑斯蒂曲线有一个性质，即如果我们在逻辑斯蒂函数的指数部分乘上不同的数，曲线拐点处的斜率会发生变化。我们前边说过，这条曲线有五个特征，其中第五个特征是，"在某种极端条件下，曲线的某些部分的纵坐标可能是 0 或 1（即曲线可能不经过纵坐标为 0.3 或 0.8 这些点），但纵坐标为 0.5 这个点，它一定要经过"。图 7-5 就是这种极端情况：

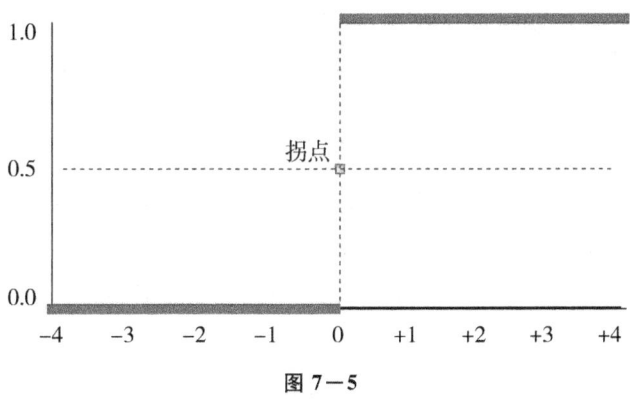

图 7-5

上图是给$(\theta-b)$乘上一个极大的数后出现的图形，此时，曲线拐点处的斜率极大。我们可以看到，在-4 到 0 这个区间里，概率值（即纵坐标）一直是 0；当能力值提高到 0 时，曲线一下子就跳到它的拐点（纵坐标 0.5 处的方框），然后又一下子跳到概率值（纵坐标）为 1 那个地方，此后，在 0 到+4 这个区间里，它的纵坐标一直是 1。

根据图形的这个特征，我们赋予它这样的意义：假定有一个题目，以至于当被试的能力没有达到某个值（如 0）时，被试就总是以 0 概率答对这个题；而当被试的能力一旦达到某个水平，他立刻以 1 概率答对该题。这表明，该题能断然区分被试能力是否达到 0，一点儿都不含糊，这样的题目，区分力极强！

图 7—5 是一种假想的极端状态,根据实测资料得到的 ICC 不可能有那么大的斜率,但只要曲线的斜率能够出现变化,我们就可以让它表示题目的区分度。

图 7—6 是 b 参数(难度)均为 0 而区分度不同时 ICC 的形状。

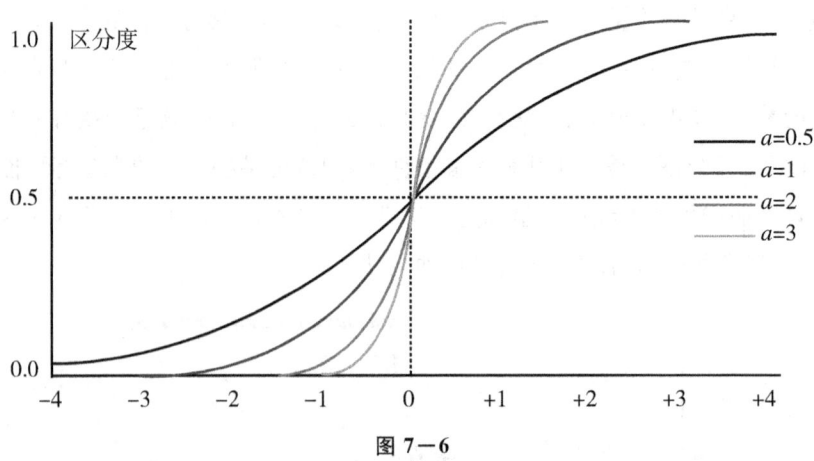

图 7—6

图 7—6 表明,a 值越大,曲线的斜率就越大,题目的区分度就越高。

图 7—5 和图 7—6 都表明,无论曲线的其他部分如何变化,纵坐标为 0.5 这一点,即拐点,它是一定要经过的,可见拐点是曲线上唯一稳定的点。

3. 三参数逻辑斯蒂模型

在双参数模型的基础上再增加一个题目参数,就形成了三参数模型。那么加一个什么参数呢?

我们知道,现代测验大量使用多项选择题。多项选择题有一个缺点,就是有猜测因素,即使被试的能力不够,他也可能在某种程度上猜对一个题。能不能给 IRT 模型增加一个参数,让这个参数表示题目的猜测度?

观察逻辑斯蒂曲线(图 7—4 和图 7—6),它有一个下渐近线,也就是曲线的左下端逐渐接近横轴。于是人们想到一个办法,给双参数模型增加一个参数,这个参数可以使下渐近线的最下端和横轴有一个距离,这段距离,在纵坐标上有一定的概率值表示,这个值可以看成是被试随机猜对一个题目的概率。增加的这个参数是 c,表示猜测度,增加了这个参数后,双参数模型就变成了三参数模型(公式 7—6)。

$$P_i(\theta) = c_i + (1-c_i)\frac{e^{Da_i(\theta-b_i)}}{1+e^{Da_i(\theta-b_i)}} = c_i + \frac{1-c_i}{1+e^{-1.7a_i(\theta-b_i)}} \quad (公式 7-6)$$

图 7—7 是五个题目的 ICC,这五个题目,难度 b 都是 0,区分度 a 都为 1,猜测度 c 分别是 0,0.1,0.2,0.25 和 0.5。

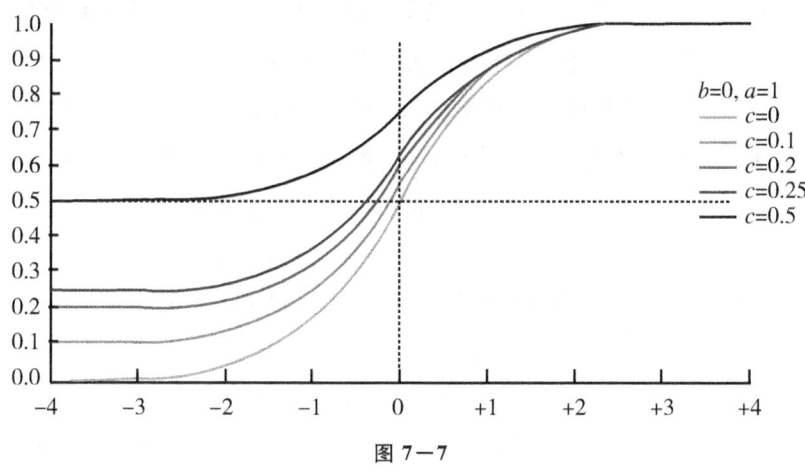

图 7—7

参数 c 实际上是曲线下渐近线到横轴的距离,根据图 7—7,我们给参数 c 赋予这样的意义:该题允许被试随机猜测的水平,亦即被试即使完全没有能力(曲线最左端对应的能力值是—4),他也能以某个概率答对这个题。

需要说明的是,尽管从理论上讲,多项选择题有猜测因素,但在实践中,质量高的多项选择题可能完全没有猜测度。当没有猜测度的时候,c 等于 0,这时候,三参数模型就变成双参数模型了。

(三)参数估计

1. 参数估计及其困难

我们前边已经介绍了 IRT 模型的几种形式,也介绍了模型中的参数及其意义。要想用这些参数去刻画题目或被试的特征,我们就要估计出这些参数的具体的值。为什么叫"估计"而不叫"计算"呢?"估计"是相对精确计算而言的。"2 加 3 等于 5",而且它永远等于 5,这是精确计算。统计里的绝大多数数值(某些常数除外)不可能达到这样的精确程度,这可以用我们下面要说的IRT参数来说明。假定有一个题目,我们要知道它的难度 b 有多大,于是我们找到一组被试,比如说 1000 人。根据这 1000 人的反应,我们得到该题的难度,比如说 $b=0.5$。这个 b 值,并不是这个题目永远恒定的难度值。如果我们把被试样本扩大到 10000 人,该题的 b 值就可能发生变化。我们在 1000 人样本里得到的 b 值,仅仅是对该题在一无限总体里真实 b 值的一个统计推断,我们永远无法知道在这个无限总体里该题的真实 b 值。

再举个例子。想要知道中国人的平均身高,我们就在 13 亿人里抽取一个样本,计算出这个样本的身高平均值,这个值仅仅是我们对全体中国人平均身高的一个估计,因为我们不可能把 13 亿人的身高都量遍再来算平均值;即便今天我们能量遍 13 亿人的身高并算出平均值,但到明天,13 亿人真实的平均身高这个值就又变了,因为明天有若干人出生,也有若干人去世。

IRT 参数估计还有另一个困难。我们大都学过解方程、求未知数,不过我们熟悉的方程要么只有一个未知数(如一元一次方程),要么虽有多个未知数,但总有办法消去一些未知数,变成一个未知数后再解(如二元一次方程)。IRT 模型也是一个方程,但麻烦在于它同时有至少两个未知数(如公式 7—4)。我们不能同时解两个或两个以上的未知数,于是就想了一个办法:在解一个未知数的时候,把其余的未知数设定成已知的。下面我们会介绍这种方法。

2. 参数估计的基本要求

第一,被试样本量(人数)要足够大。至于究竟要多大,各家说法不一,有人说需要 10000 人的样本,也有人说至少 1000 人。要求大样本是为了保证得到稳定的参数值。根据我们的经验,1000 人的样本就可以满足要求。

第二,在估计题目参数时,必须把答对率为 100% 和答对率为 0 的题目删掉,也就是说,所有被试都答对的题和所有被试都答错的题不能要。原因是,当答对率为 100%(没有人答错)时,题目的难度参数(b 值)会无限制地变小;当答对率为 0(没有人答对)时,题目的难度参数会无限制地变大。

第三,在估计被试能力时,要把答对或答错所有题目的被试删掉。道理和第二个要求一样,否则答对所有题目的被试的能力值会无限变大,而答错所有题目的被试的能力值会无限变小。

3. 单参数 IRT 题目难度的极大似然估计

为了得到题目参数，首先要找一批被试，请这些被试把编写好的题目做一遍。被试做过这些题目后，我们就有了这些被试的答案。被试的答案就是被试对这些题目的反应，我们就是根据被试对每一个题目的反应（多少人答对、多少人答错）估计出每一个题的题目参数。

假定我们使用的是单参数逻辑斯蒂模型，这时，要估计的题目参数只有一个，即难度 b。要想估计出一个题目的 b 值，需要有一些被试回答了这个题目，并且需要一些被试答对该题，而另一些被试答错该题。现在我们考虑一种最简单的情况：一个题目只有两个被试对其做出反应，一个被试答对，一个被试答错。

我们用 θ_1 表示第一个被试，θ_2 表示第二个被试，并且假定，θ_1 答对了该题，而 θ_2 答错了。根据这两个被试的反应估计该题的 b 值，就是估计这两个反应的联合概率。说得更明白一点就是，θ_1 以某个概率答对了该题，θ_2 以某个概率答错了该题（答错概率用 Q 表示，而 $Q=1-P$），把这两个概率乘在一起，就是两被试对该题的反应的联合概率，用公式表示就是：

$$P = P_{\theta_1} \cdot Q_{\theta_2} = P_{\theta_1} \cdot (1 - P_{\theta_2}) \quad \text{(公式 7-7)}$$

上式更具体的形式是：

$$P = \left(\frac{1}{1+e^{-1.7(\theta_1-b)}}\right)\left(1 - \frac{1}{1+e^{-1.7(\theta_2-b)}}\right) \quad \text{(公式 7-8)}$$

前面说过，IRT 参数估计的困难之一就是它的方程里至少有两个未知数。在公式 7-8 里，我们既不知道能力值（θ_1 和 θ_2），也不知道 b 值。这个时候，为了估计出 b 值，我们要假定两被试的能力值是已知的，我们把他们的能力值都设定为 0（0 是能力值的平均数），即：$\theta_1=0$ 且 $\theta_2=0$。这样，公式 7-8 就只有一个未知数了：

$$P = \left(\frac{1}{1+e^{-1.7(0-b)}}\right)\left(1 - \frac{1}{1+e^{-1.7(0-b)}}\right) \quad \text{(公式 7-9)}$$

剩下一个未知数就好办了,那么我们根据什么来确定这个题目的 b 值是多大呢?有一种方法叫"极大似然法",用这种方法估计参数叫作"极大似然估计"。"极大似然法"的基本原理是这样的:一个事件可能以不同的概率发生,我们要确定的是这个事件究竟以多大的概率发生。于是我们做若干次实验,实验结束后,这个事件呈现出不同的出现概率,我们把最大的那个概率当成这个事件出现的概率值,因为这个概率最大,它就最像这个事件的出现概率。

难度参数估计就是确定 b 取什么值能够使概率值 P 达到最大,某个能够使 P 达到最大的 b 值,就是这个题目的难度值。接下来的事情就简单了。我们知道,难度 b 的取值范围是从 -4 到 $+4$,那么我们就在这个范围里找到那个能使 P 达到最大的值。找到这个 b 值的办法有很多种,最简单的办法就是"系统搜索法",即把从 -4 到 $+4$ 之间的每一个数(精确到三位或四位小数)都试一遍,一定有一个数使 P 最大。这个办法的优点是精确(不会漏掉最精确的 b 值),缺点是计算速度慢。

下面我们就把公式 7—9 里的 b 值估计出来(表 7—1)。

表 7—1　b 值的极大似然估计

$P = (\dfrac{1}{1+e^{-1.7(0-b)}})(1 - \dfrac{1}{1+e^{-1.7(0-b)}})$	
b 值	P 值
-4	0.0011
-3	0.0060
-2	0.0312
-1	0.1306
-0.5	0.2098
-0.1	0.2482
-0.05	0.2495
0	0.2500
0.05	0.2495
0.1	0.2482

我们不能把 -4 到 $+4$ 之间的成百上千的数字全列出来,然而表 7—1 可以表明,当 b 在从 -4 到 0 这个范围内取值时,概率值 P 是不断增大的,而当 b

值大于 0 时,概率值逐渐变小。这样,根据极大似然法,该题的 b 值应为 0。

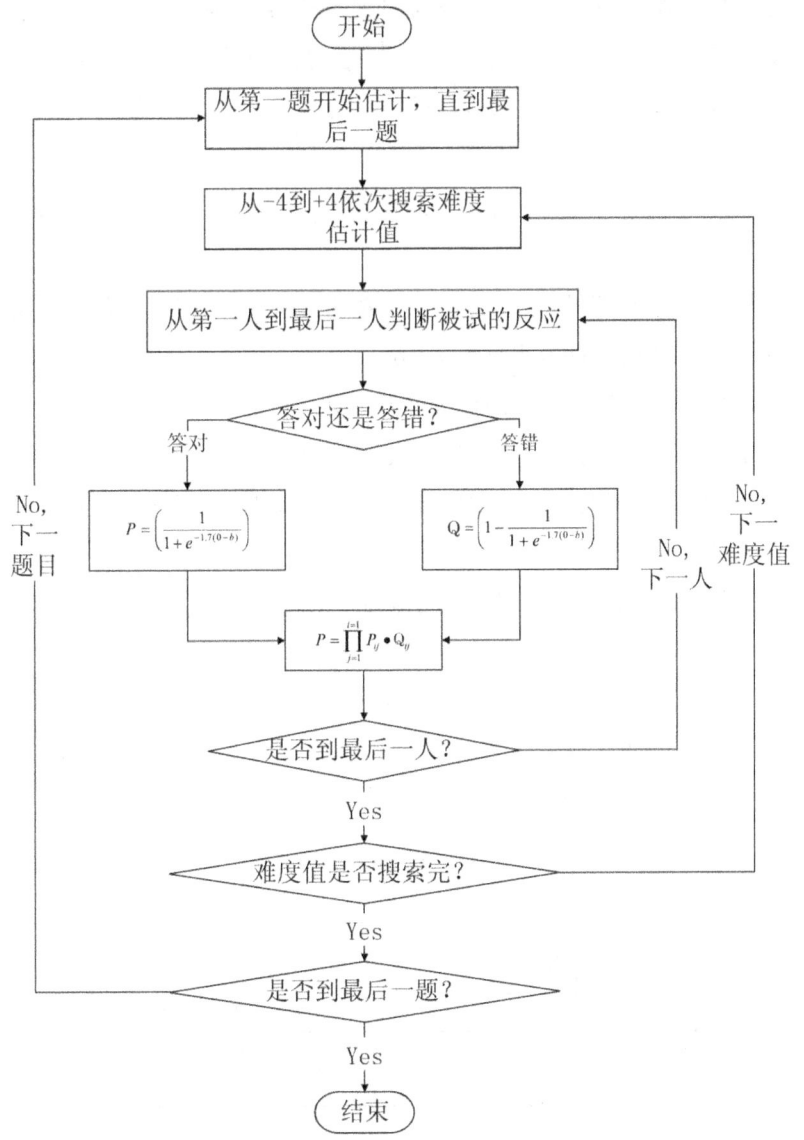

图 7-8　单参数难度值估计流程

上面的例子极为简单,只是计算了两个被试对一个题目的反应概率。在 IRT 的实际应用中,情况当然要比这个例子复杂一些。在实际应用中,常常是有少说成百上千个被试和几十上百个题目。例如,有 1000 个被试,做了 100 个题,这时,我们就用这 1000 个被试的反应,依次估计这 100 个题目的难度。假定第一题有 300 人答对,700 人答错,我们就把 300 个答对的概率和 700 个答错的概率统统乘在一起,参数估计的公式 7—7 就写成:

$$P = \prod_{j=1}^{i=1} P_{ij} \cdot Q_{ij} \qquad (公式 7-10)$$

Π(π 的大写)是连乘符号,表示把若干个数乘在一起;i 和 j 分别表示被试和题目,公式 7—10 的估计流程见图 7—8。

4. 单参数 IRT 被试能力的极大似然估计

上面估计 b 值时使用的能力值是设定的,我们假定所有被试的能力都是 0,这当然不是实际情况——被试的能力不可能都是 0。当估出一批题目的难度值后,我们就可以根据估出的题目难度值,去估计若干被试的能力值。

下面我们以一个被试为例来说明能力值的估计。

假定有一个被试,回答了两个题目,这两个题目的难度分别为 $b_1=1$ 和 $b_2=2$,并且他答对了 b_1,答错了 b_2(因为 b_2 难)。能力值估计的方式和难度估计一样,即在能力值的取值范围内(-4 到 +4)找到一个能使概率值最大的数。该被试能力值的估计结果如表 7—2 所示。

表 7—2 某被试能力值的极大似然估计

$$P = \left(\frac{1}{1+e^{-1.7(\theta-1)}}\right)\left(1-\frac{1}{1+e^{-1.7(\theta-2)}}\right)$$

θ 值	P 值
-1	0.1135
0	0.2369
1	0.3655
1.2	0.3794
1.49	0.3874
1.5	0.3875
1.51	0.3874
1.55	0.3872

上面的估计表明,该被试的能力值是 1.5。

5. 能力值和难度值相互校正

虽然我们估计出了题目的难度值和被试的能力值,但由于估计难度时能力均设为 0,故第一次估出的难度是不准的,既然这个难度值不准,那么根据它估出的能力值也就不准。为了使难度值和能力值尽量准确,这两个值需要相互校正。具体做法是:把第一次估出的能力值作为已知数(这时被试的能力值就各不相同了),第二次估计难度值;然后把第二次估出的难度值作为已知数,第二次估计被试的能力值。这个过程可能要重复几次,直到题目的难度和被试的能力均趋于稳定。

6. 双参数及三参数模型的参数估计

双参数及三参数模型的参数估计,在原理上和单参数一样,只不过因为参数多了,更麻烦一些而已,这里,我们就不介绍了。

读者如想更深入地了解 IRT,国内国外已有很多文献可以参考,例如 Lord(1980)的 *Applications of Item Response Theory to Practical Testing Problems*;Hamblton,Swaminathan & Rogers(1991)的 *Fundamental of Item Response Theory*;Embretson & Reise(2000)的 *Item Response Theory for Psychologists* 等文献。国内有关 IRT 的教材有余嘉元(1992)的《项目反应理论及其应用》,另外漆书清(2003)的《现代测量理论在考试中的应用》,漆书清、戴海崎、丁树良(2002)的《现代教育与心理测量学原理》中也有专章介绍 IRT。

第二节 概化理论

一 概化理论的出现

概化理论(Generalizability Theory)出现在 20 世纪 60 至 70 年代。1963 年,Cronbach,Glser & Rajaratnam 发表了 *Theory of Generalizability*:*A*

Liberalization of Reliability Theory，1972年，Cronbach等人又出版了专著 *The Dependability of Behavioral Measurements: Theory of Generalizability for Scores and Profiles*，这两种文献标志着概化理论的诞生。

概化理论是对经典测验理论（CTT）中信度理论的扩展。我们已经知道，经典测验理论又叫"真分数理论"，它假设观测分数是由真分数和误差分数两部分组成的。我们也知道，一个测验的误差有很多来源，其中既有来自被试方面的误差，也有来自测验本身、评分方法或评分员方面的误差，还可能有来自环境方面的误差。然而在经典测验理论中，所有这些都被归结为一个单一的误差，我们不能进一步区分误差的不同来源。这是经典测验理论的一个缺点。

为了克服经典测验理论中误差不能分解的缺点，概化理论将实验设计和方差分析的方法结合起来，以达到控制误差、提高测验信度的目的。

二 几个基本概念

我们先看一个例子：HSK（高等）中有一个分测验是口试。口试的内容有三项：朗读一段文章、回答两个问题，每个被试都要完成这三个作业。口试的评分由三位评分员完成，亦即每个被试的口试表现，都由三位评分员做出评价。概化理论的几个基本概念就包含在这个例子里。

（一）测量侧面和全域

一个测验总是在一定的条件下实现的，在上面的例子里，测量条件有三个：被试、题目、评分员。一个测量侧面（facet）就是指一组相同的测量条件。在上面的例子里，被试、题目、评分员各构成一个侧面。概化理论认为，被试的得分（如HSK口试）不仅仅取决于被试的能力，它也受到题目内容或数量、评分员数量及评分质量的影响，还可能受到这些因素产生的交互作用的影响。因此，在分析一个测验的质量时，要把这些因素都考虑到。一个测量活动的全部侧面构成了测量的全域（universe）。

(二)实验设计

在科学研究中,我们经常通过实验去发现问题、研究问题,如何进行实验,就是实验设计要解决的问题。

我们所研究的事物的特性,往往是受多种因素影响的。如果我们想知道究竟是哪些因素产生了什么影响,那就需要设计一个可靠的实验。实验设计的基本思路是,在一次实验中把可控制的因素全部控制起来,只让一个因素发生变化,以观察这个因素所产生的作用。

例如,现在出现了两种新的教学法,如果我们想知道这两种新教学法是否在效率上优于传统教学法,可以设计一个实验。第一步,我们选择一组学生(比如 600 人)。首先,我们把这 600 个学生随机地分为三组,每组 200 人,这样给学生分组是为了保证三组学生的平均水平相当。然后,每组中的 200 个学生再随机地分成 10 个教学班(每班 20 人)。这样,我们就有了三组共 30 个教学班,这 30 个班的平均水平相当。第二步,我们选择 30 位教学经验大致相同的教师,也随机地分成三组。第三步,选择一部教材。现在我们开始实验:让第一组教师用传统方法教第一组学生,第二组教师用新教学法 A 教第二组学生,第三组教师用新教学法 B 教第三组学生,三个组的教学时数都相同。

我们看到,在上面这个实验里,每班及每组学生人数和水平相同,使用的教材相同,教师的经验大致相同,教学时数相同,这些都是被严格控制的因素。唯一一个可变的因素就是教学法。经过一段规定时间的教学后,我们对这三组学生进行测试,如果三组学生的平均成绩有显著差异,则表明三种教学法的效率有差异。

在概化理论里,我们使用同样的方法去观察各个测量侧面在整个测量中所产生的影响。

(三)测量对象和侧面

在经典测验理论框架下,测量对象(object of measurement,也有人译作"测量目标")只有一个,即被试的某种能力水平。在概化理论里,根据我们想要分析的问题,测量目标是可以选择的。

在HSK(高等)口试那个例子里,我们可以找到三个测量侧面:被试、题目、评分员。针对这个材料,我们可以有不同的选择。

第一种情况:我们选择三个题目并选择三位评分员。假定一组被试(数量及水平事先不确定)都回答了这三个题目,然后我们让这三位评分员给所有的被试评分。在这种情况下,题目和评分员是固定的,而被试的数量和水平是不固定的,这时,测量对象就是被试的口语水平。

第二种情况:我们选择一批典型的被试(事先知道他们的水平),仍然让他们回答这三个题目,然后找200位评分员,让他们给这批被试评分。在这种情况下,被试和题目是固定的,评分员是不固定的,我们想要知道的是哪些评分员能给出准确的分数、哪些不能。这时评分员这个侧面就是测量对象。

第三种情况:我们把被试和评分员固定住,让题目发生变化,比如题目数量可以从一个增加到五个。这时我们观察的是题目数量的变化是否有某种特殊的效应,因此题目侧面就是测量对象。

(四)方差分析

方差是描述随机变量离散程度的重要指标,它具有可以相加的特性;反过来说,一组随机变量的总方差可以分解为若干个方差分量,这些方差分量代表了不同的变异来源。方差分析(analysis of variance,ANOVA)是一种常用的统计分析方法,其基本用途是检验差异的显著性。但是,在概化理论里,方差分析的作用不是检验显著性,而是用来估计某个侧面所产生的效应。

(五)交叉设计和嵌套设计

概化理论的实验设计分为交叉设计和嵌套设计两种。

仍以HSK口试为例。假定一组被试参加了某次口语考试,这个考试的题目有三个,且所有的被试都回答了这三个题目。在评分时,有三位评分员,这三位评分员给所有的被试都评了分。这时候,这个实验就叫交叉设计,即所有的测量侧面都是互相交叉的。我们看图7—9。

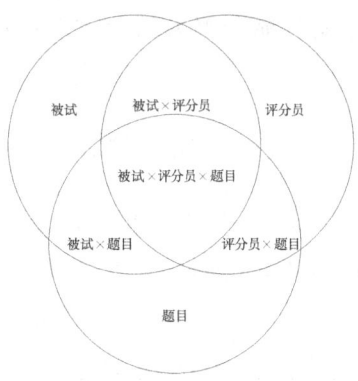

图 7-9 交叉设计

上图显示了三个测量侧面及它们相互交叉的情况,"×"代表交叉。上图表明,在口试分数的总方差中包含七个方差分量,其中"被试"、"评分员"、"题目"构成三个方差分量,即被试方差、评分员方差和题目方差,这三个方差分量是测量的主效应;另有三个方差分量表明两个侧面的交互作用,即被试和题目的方差、被试和评分员的方差以及评分员和题目的方差;还有一个是三个侧面交互作用产生的方差,即被试、评分员、题目三者的交互作用。

在上图所示的交叉设计中,如果测量对象是被试,那我们就希望被试方差这个主效应越大越好,而其他的方差分量越小越好。这就需要通过方差分析去观察。

有时候,所有侧面并非都是相互交叉的。例如,HSK 口语评分的实际情况是:某三位评分员只给一部分被试评分,另一组的三位评分员给另外一部分被试评分……这时,如图 7-10 所示,评分员是嵌套在被试里的。

图 7-10 嵌套设计

在嵌套设计中,总方差只能分解为两个方差:被试方差和混合误差方差。

三 概化理论的基本方法

概化理论的研究分两步走:G研究(概化研究)和D研究(决策研究)。

G研究的内容包括收集数据、设计实验方案、确定测量全域中的各个测量侧面、确定测量对象,最后用方差分析计算主效应和其他效应。

在G研究中,用方差分析估计各个方差分量总是在最后一步,而前边的几个工作并无一定的次序。我们可以根据手头已有的材料去选择实验方案,也可以事先确定实验方案和测量对象,再按照实验方案去收集材料。

D研究是在G研究的基础上做出一个决策方案。简单地说,所谓决策,就是一个使测验的效果达到最优的办法。

前边说过,概化理论是对经典测验理论中信度理论的扩展。在经典测验理论框架下,衡量测验质量的一个重要指标是信度。在概化理论里,也有两个和信度类似的指标,一个叫"概化系数",记作 $E\rho^2$,另一个叫"可靠性指数",记作 Φ(这两个指标的计算方法就不在这里介绍了)。这两个数的取值范围也都在0到1之间,其数值越大,表明测验的可靠性越高。

举一个简单的例子。假定有一个测验,原本只有10个题目,这时该测验的概化系数($E\rho^2$)只有0.6。为了提高概化系数,我们做一个D研究。我们知道,如果增加题目数量,测验的概化系数(亦即信度)就会提高。问题是,题目数量增加多少?我们可以来实验,把题目数量依次提高到20、30、40。在这几次实验中,概化系数依次提高到0.7、0.8、0.9。在题目数量为40的情况下,概化系数达到了0.9,满足了我们的要求,因此我们做出一个决策:该测验的题目数量应不少于40个。D研究到此结束。

最后,我们用图7—11来说明G研究和D研究的步骤。

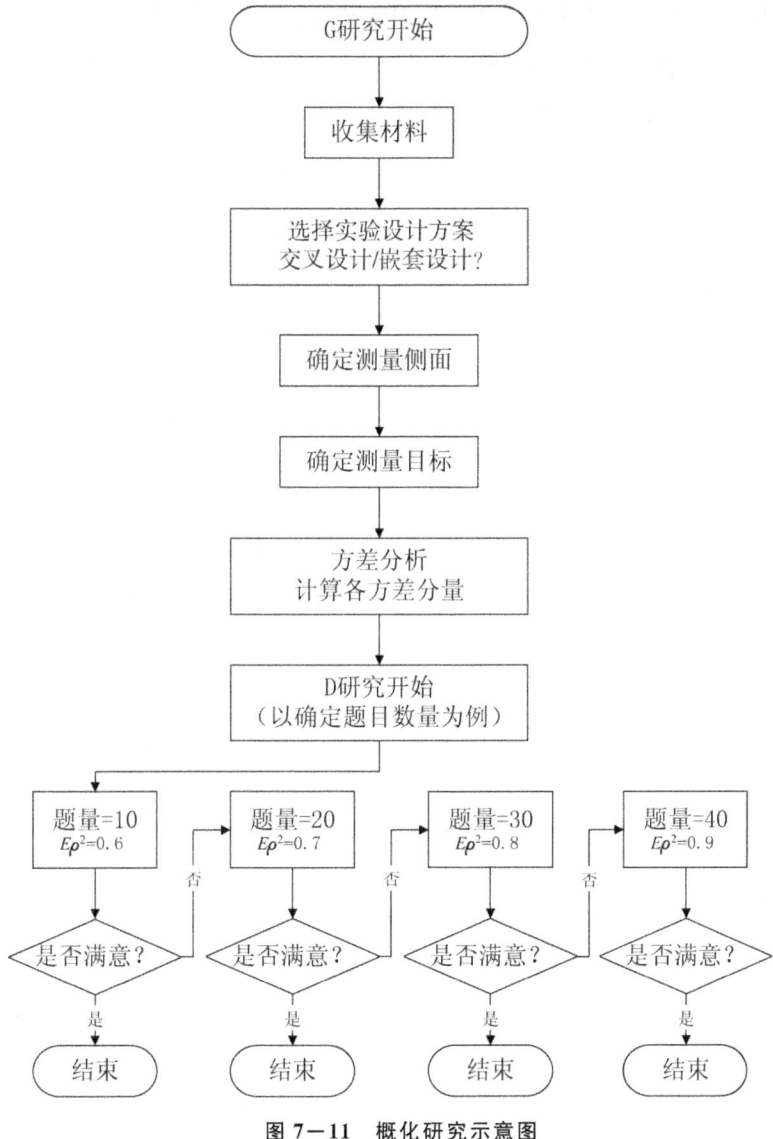

图 7-11 概化研究示意图

思考题

1. IRT 的发展历程大致是怎样的？
2. IRT 模型中各种参数的意义是什么？

3. IRT 参数估计的基本原理和过程是什么？
4. 概化理论的基本原理是什么？
5. 简要介绍概化理论的两种设计方案。

第八章 国内外几种语言测试

第一节 托福

一 托福考试的性质和用途

托福是 ETS 从 1965 年开始在全世界举办的一种针对母语非英语的人进行的英语水平考试。托福是出国留学(美国、加拿大)的必备考试,目前世界上有 4400 所两年制或四年制大学将托福考试成绩用于招生,一些国家的政府部门、奖学金项目或认证机构也使用托福考试评价英语水平,每年参加托福考试的考生数目超过 80 万,因此它是目前世界上使用范围最广的英语水平考试。

2005 年 2 月,ETS 宣布,将从 2005 年 9 月起逐步在全世界实施新托福考试。新托福考试在美国首先开始实施,随后于 2005 年 10 月在加拿大、法国、德国和意大利实施,2005 年 11 月在上述几国以外的其他国家实施。新托福考试是基于因特网环境的计算机化考试(internet-based test,简称 IBT),即考试是在具有因特网接入条件的计算机上进行的。

二 试卷结构和题型设计

托福考试分笔考(paper-based test)和机考(internet-based test)两种考试形式,目前大部分考点采用的是机考的考试形式,下面逐一介绍这两种考试的试卷结构和题型设计。

(一)托福笔考的试卷结构和题型

1.试卷结构

托福笔考分为四部分,前三部分全部采用多项选择题,第四部分是作文。被试可以根据个人需求选报托福口语考试(需另收费)。考试先进行作文考试,然后是其他三部分的考试。作文考试时间为 30 分钟,其他三部分考试时间共约 115 分钟。具体内容见表 8—1。

表 8—1　托福笔考的内容

考试内容	考试项目	试题数量		考试时间
听力理解	听力理解 1	30—35	50	30—40 分钟
	听力理解 2	9—20		
	听力理解 3	6—15		
语法结构	语法结构 1	16	40	25 分钟
	语法结构 2	24		
阅读理解		50		55 分钟
写作		1		30 分钟
口试		9		20 分钟
共计				160—170 分钟

2.题型说明

听力理解(listening comprehension)分测验主要考查被试听懂并理解北美英语口语的能力。听力材料多来自北美校园生活,重点考查被试对特殊语法结构以及口语中常用到的词汇和习语的理解能力。听力理解第一部分,听简短对话后选择正确答案。这部分试题,都是两个人的简短对话,第三个人根据对话提出一个问题,每个问题都有 A、B、C、D 四个备选答案,要求被试选出唯一正确的答案。听力理解第二部分,听长对话后选择正确答案。这部分试题,是几段较长的对话。每段话之后,第二个人或第三个人根据对话提若干问题,每个问题都有 A、B、C、D 四个备选答案,要求被试选出唯一正确的答案。听力理解第三部分,听讲座或讲话后选择正确答案。这部分试题,是几段讲座或讲话。每段话之后,第二个人或第三个人根据讲座或讲话提若干问题,每个问题都有 A、B、C、D 四个备选答案,要求被试选出唯一正确的答案。听力理解的三个部分,每个题目只听一遍。

语法结构和书面表达(structure and written expression)分测验主要测试被试在标准英语书面写作中掌握基本语法的能力。考试材料来自各个领域,对被试的专业背景没有要求。语法结构和书面表达第一部分,选择正确答案完成句子。这部分试题,每个题都有一个空儿,要求被试在 A、B、C、D 四个备选答案中选择唯一正确的答案填空儿。语法结构和书面表达第二部分,挑错题。这部分试题,每段话下面都有 A、B、C、D 四个画线部分,要求被试从中选出有错误的一部分。

阅读理解(reading comprehension)分测验主要考查被试掌握文章主旨、要点和梗概,准确领会作者态度和感情倾向的能力;凭借上下文,准确领会词语引申义、活用义、多义词含义以及成语、熟语含义的能力;理解各类英语材料的能力。考试材料多来自北美大学校园生活和学习。阅读理解,即读后选择答案。这部分试题,分别选择若干题材、体裁、长度、难易程度不同的阅读材料,每篇材料后提出若干问题,每题有 A、B、C、D 四个备选答案,要求被试选择最恰当的答案。

作文考试(test of written English)要求被试就所指定的问题提出支持或反对的观点,并根据自己的知识和经验进行陈述、解释和论证。

口语考试(test of spoken English)分两种:一种是 TSE—A,主要是针对申请去大专院校做助教的被试;一种是 TSE—P,主要是针对希望在专业领域获得资格证书的被试。口试第一部分,就个人信息提问。这部分试题用录音提问一些被试本人的基本情况。每一问题之后,有一短暂的答题时间,在实际考试中,答题时间每题约为 15 秒钟。口试第二部分,朗读。这部分试题要求被试朗读一篇短文。被试先用一分钟时间阅读,然后用正好一分钟时间朗读。要求发音准确,口齿清晰,朗读流畅。口试第三部分,完成句子。这部分试题是一系列不完整的句子,要求被试随自己的思路补充完成。答案可以不同,但完成的句子要意思完整,语法正确。实际考试时,完成每个句子允许用10秒钟时间。口试第四部分,看图说话。这部分试题由一组图画构成,要求被试看图说话,叙述此故事。被试可先用一分钟看这些画面,然后再用一分钟叙述故事,叙述时应尽可能准确和详细。口试第五部分,回答问题。这部分试题,考官给出一张图画并就此画提出四个问题,要求被试回答。被试在听问题之前可以看图一分钟,每一问题回答时间12秒。口试第六部分,描述或议论。这部分试题要求被试描述某些事物或就国际上普遍关注的问题发表意见。每个问题的回答时间为45秒钟。口试第七部分,解释。这部分试题会给出班级、俱乐部或会议等的活动日程或通知。被试可先仔细阅读试题册上印好的上述内容。阅读一分钟后,用一分钟时间解释这些日程或通知。解释时一定要包括所有重要的细节,并要设想自己是对一群听众在做解释,而不能仅仅翻译这些日程或通知。

(二)托福机考的试卷结构和题型

1. 试卷结构

表8—2 托福机考的内容

考试内容	考试项目	试题数量		考试时间
阅读理解		36—70		60—100 分钟
听力理解	听力理解1	24—36	34—51	60—90 分钟
	听力理解2	10—15		
口试	口试1	2	6	20 分钟
	口试2	2		
	口试3	2		
写作	写作1	1	2	50 分钟
	写作2	1		
共计				190—260 分钟

托福机考分听、说、读、写四个部分,对被试的听力、阅读、写作、口语四项英语语言能力进行综合独立的测试。托福机考采用的语言内容和语言场景来自北美大学校园的诸多真实场景,内容涉及教育、人文、商业、工程技术、自然科学和社会研究六大类。托福机考总分为120分,每个分测验的总分为30分。

托福机考的考试时间大约为4个小时。四个部分的考试在一天内完成。考试的顺序是:阅读、听力、口语、写作。考试过程中被试可做笔记。具体内容见表8-2。

2. 题型说明

阅读理解(reading comprehension)分测验主要考查被试掌握文章主旨、要点和梗概,准确领会作者的态度和感情倾向的能力;凭借上下文,准确领会词语引申义、活用义,多义词含义以及成语、熟语含义的能力;理解各类英语材料的能力。考试材料多来自北美大学校园生活和学习等场景。阅读理解,即读后选择答案。这部分试题为3至5篇长约700字的阅读材料,每篇材料后提出若干问题。问题包括三种类型:第一种是传统的从A、B、C、D四个备选答案中选择唯一恰当的答案;第二种是从A、B、C、D四个备选答案中选择唯一恰当的答案完成短文;第三种是多项选择题,选项不止四个,答案也不止一个。

听力理解(listening comprehension)分测验主要考查被试听懂并理解北美英语口语的能力,在学术背景下理解讲座和对话的能力,准确领会说话人的态度和感情倾向的能力,准确领会说话人的暗含义、引申义的能力。听力理解第一部分,听讲座或课堂讨论后选择正确答案。这部分试题是几段讲座或课堂讨论。每段话之后,有根据讲座或课堂讨论提出的六个问题,每个问题都有A、B、C、D四个备选答案,要求被试选出唯一正确的答案。每个题目只听一遍。听力理解第二部分,听长对话后选择正确答案。这部分试题,是几段较长的对话。每段话之后,有根据对话提出的五个问题,每个问题都有A、B、C、D四个备选答案,要求被试选出唯一正确的答案。每个题目只听一遍。

口试(speaking)分测验主要考查被试在教学环境下用英语有效表达的能力。口试第一部分,回答问题。这部分试题共两题。第一题要求被试就个人熟悉的话题回答问题,如兴趣、爱好等;第二题要求被试从已给出的两个题目中选择一道发表观点和看法。每道题的准备时间是 15 秒,回答时间是 45 秒。口试第二部分,看听后回答问题。这部分试题先显示一段阅读材料,再播放一段与阅读材料在内容上相关的听力材料(对话或演讲,考生可做笔记),每段听力材料之后,第二个人或第三个人根据听力材料提两个问题,要求被试根据看到的和听到的内容回答相关问题。通常是一道情景题,一道学术题。每道题的准备时间是 30 秒,回答时间是 60 秒。口试第三部分,听后回答问题。这部分试题以第二部分中的听力材料为基础,要求被试回答相关问题。通常是一道情景题,一道学术题,共两道题。每道题的准备时间是 20 秒,回答时间是 60 秒。

写作(writing)分测验主要考查被试在学术环境下的分析问题、解决问题、陈述观点和文章组织等能力。写作第一部分,独立写作题。这部分试题是一道独立写作题。独立写作试题部分与托福笔试中的作文考试(TWE)类似,需要考生根据自己的知识和经验陈述、解释并支持对某一问题的某个看法。写作第二部分,看听后回答问题。这部分试题先显示一段阅读材料,然后隐去,再播放一段与阅读材料在内容上相关的听力材料(对话或演讲,考生可做笔记),每段听力材料之后,第二个人或第三个人根据听力材料提一个问题,要求被试总结听力材料中的要点,并解释这些要点与阅读材料中的要求有何不同。

三 分数体系

(一)托福笔考的分数体系

托福笔考的报道分数采用导出分数的形式,分数的转换过程为:原始分数→等值→导出分数。托福笔考的分数体系为:阅读单项分数在 31—67 分,听力单项分数在 31—68 分,语法与结构单项分数在 31—68 分,总分是由单项标准分相加乘以 10 再除以 3 得到的,范围在 310—677 分之间。

(二)托福机考的分数体系

托福机考的报道分数采用导出分数的形式,分数的转换过程为:原始分数

→等值→导出分数。托福机考的分数体系为：单项分数在0—30分之间，总分在0—120分之间，由单项标准分相加得到。单项标准分反映了考生在托福机考标准样组中的相对位置。在下表中给出了单项标准分的百分位（表8—3）。表中下面一行是低于相应分数的人在托福机考标准参照样组中所占的百分比。

表8—3 托福机考单项标准分和百分位

单项标准分	30	27	25	22	21	17	16	13	10	7
百分位	99	90	80	70	60	50	40	30	20	10

表8—4是托福机考总分与百分位的对应关系。

表8—4 托福机考总分和百分位

托福机考总分	113	101	91	83	76	68	60	53	44	33
百分位	99	90	80	70	60	50	40	30	20	10

第二节 托业

一 托业考试的性质和用途

托业考试（Test of English for International Communication，简称 TOEIC），中文全称为国际交流英语考试，是 ETS 于 1979 年为国际职业工作环境开发的英语交流能力资格认证考试。目前每年在 60 多个国家、有超过 250 万人次参加托业考试，从小企业到跨国公司、政府机构，有 4000 多家国际化公司或机构承认并使用托业考试成绩。

托业考试用于评估工作人员以及英语培训学员的英语水平，企业机构会依据托业考试建立分数标准或基准，然后制定人事决定；一些语言培训项目也会依据托业考试成绩来确定员工进一步的学习目标。

针对不同的客户群体，托业考试提供两种服务方式：第一种是面向社会，每年举办最多 11 次大规模的公开考试,为社会各界考生服务;第二种是面向公司或院校,针对其需求提供上门考试服务,还可以按照需求为公司员工提供有针对性的英语交流能力的诊断和咨询服务,或帮助公司建立内部各种职位所需要的英语交流能力的标准,具体时间和地点由双方商定。

托业考试经过多年的发展,在试卷结构方面做了一些调整和改革,于 2006 年在日本和韩国率先推出了新的托业考试,简称新托业。本章着重介绍新托业考试。

二 试卷结构和题型设计

新托业考试不根据等级再分设考试,整个考试由一套试卷构成,客观卷采用纸笔(paper and pencil)考试形式,主观卷采用机考(internet-based)考试形式。

(一)试卷结构

新托业考试由客观卷和主观卷构成,客观卷由听力理解和阅读理解两大部分构成,主观卷由口语考试和写作考试构成。新托业客观卷考试时间共 120 分钟,主观卷考试时间共 80 分钟,具体内容见表 8—5。

表 8—5 新托业考试的内容

考试内容		考试项目	试题数量		考试时间
客观卷考试	听力理解	听力理解 1	10	100	45 分钟
		听力理解 2	30		
		听力理解 3	30		
		听力理解 4	20		
	阅读理解	阅读理解 1	40	100	75 分钟
		阅读理解 2	12		
		阅读理解 3	48		
总计				200	120 分钟

(续表)

考试内容	考试项目		试题数量	考试时间
主观卷考试	口语考试	口试1	2	20分钟
		口试2	1	
		口试3	3	
		口试4	3	
		口试5	1	
		口试6	1	
	写作考试	写作1	5	60分钟
		写作2	2	
		写作3	1	
	总计			80分钟
合计				200分钟

(二)题型说明

听力理解(listening comprehension)分测验主要考查被试听懂并理解国际工作环境下英语口语的能力。听力材料多来自工商业等国际工作环境。听力理解第一部分,看图回答问题。每道题都会听到A、B、C、D四个备选句子,同时在试卷上看到一幅图画,要求被试选出与图画内容相符的唯一正确的一句话。听力理解第二部分,听后选择回答。每道题都会听到一个问题,同时在试卷上看到A、B、C、D四个备选回答,要求被试根据听到的内容选出唯一正确的答案。听力理解第三部分,听对话后选择正确答案。这部分试题都是几段对话。每段话之后,第三个人根据对话提若干问题,每个问题都有A、B、C、D四个备选答案,要求被试选出唯一正确的答案。听力理解第四部分,听讲座或讲话后选择正确答案。这部分试题是几段讲座或讲话。每段话之后,第二个人或第三个人根据讲座或讲话提若干问题,每个问题都有A、B、C、D四个备选答案,要求被试选出唯一正确的答案。听力理解的四个部分,每个部分只听一遍。

阅读理解(reading comprehension)分测验主要考查被试理解书面英语的能力。阅读理解第一部分，选择正确答案完成句子。每题是一个不完整的句子，每个句子都有一个空，要求被试在 A、B、C、D 四个备选答案中选择唯一正确的答案填空儿。阅读理解第二部分，选择正确答案完成短文。这部分试题是几段短文，每个短文都有几个空，要求被试在 A、B、C、D 四个备选答案中选择唯一正确的答案填空。阅读理解第三部分，读后选择答案。这部分试题，分别选择若干题材、体裁、长度、难易程度不同的阅读材料，每篇材料后提出若干问题，每题有 A、B、C、D 四个备选答案，要求被试选择最恰当的答案。

口语考试(test of spoken English)主要考查被试在日常生活及国际工作环境下的口语交流能力，将采用人机对话的形式。这部分考试由六个部分构成：口试第一部分，朗读。这部分试题要求被试朗读两篇短文，每篇短文的准备时间 45 秒，朗读时间约 45 秒。口试第二部分，描述图片。这部分试题要求被试描述一幅图片，准备时间 30 秒，回答时间 45 秒。口试第三部分，简短回答问题。这部分试题要求被试就某一话题回答三个问题。前两道题是简短回答，每道题有 15 秒的回答时间，第三个问题是描述性问题，有 30 秒的回答时间。这部分试题没有准备时间。口试第四部分，用所提供的信息回答问题。这部分试题会列出一个日程表，要求被试根据所给信息回答三个问题。前两个试题的回答时间是 15 秒，第三个试题的回答时间是 30 秒，这部分试题没有准备时间。口试第五部分，提出建议。这部分试题会陈述一个问题，要求被试就这个问题提出解决方案，准备时间 30 秒，回答时间 60 秒。口试第六部分，表述观点。这部分试题要求被试就某一话题发表自己的观点。准备时间 15 秒，回答时间 60 秒。

作文考试(test of written English)主要考查被试在日常生活及国际工作环境下的英语写作能力，将采用人机对话的形式。作文考试由三个部分构成：作文考试第一部分，看图写句子。这部分试题包括五幅图片，要求被试依据每幅图片以及所给词语写一个句子，时间 8 分钟。作文考试第二部分，写回信。这部分试题会给出两封电邮，要求被试根据所给电邮各写一封回信，时间 10 分钟。作文考试第三部分，写一篇议论性文章。这部分试题要求被试根据所给话题发表评论,阐述观点,字数不少于300字,时间30分钟。

三 分数体系

托业考试是一种常模参照考试,不同的考试分数代表被试在日常工作中英语交流能力的差异,因此考试成绩没有及格与不及格之分。托业客观卷的报道分数采用导出分数的形式,分数的转换过程为:原始分数→等值→导出分数。听力和阅读部分分开记分,有利于考生具体分析自身语言能力并制定有针对性的学习规划,同时利于托业的机构用户明确员工的能力差异。托业每部分试题的导出分范围为5至495,总导出分范围为10至990。

托业主观卷的报道分数也是一个转换分数,每个能力等级有一个相对应的分数范围(见表8-6)。

表8-6 托业口试和写作分数转换对照表

口试		写作	
导出分数	能力等级	导出分数	能力等级
0-30	1	0-30	1
40-50	2	40	2
60-70	3	50-60	3
80-100	4	70-80	4
110-120	5	90-100	5
130-150	6	110-130	6
160-180	7	140-160	7
190-200	8	170-190	8
		200	9

托业口试的前四个部分(9个题)的评分等级在0-3级之间,后两个部分(2个题)的评分等级在0-5级之间,所有等级之和再转换成表8-6中左边第一栏的分数。托业写作第一部分(5个题)的评分等级在0-3级之间,第二部分(2个题)的评分等级在0-4级之间,第三部分(1题)的评分等级在0-5级之间,所有等级之和再转换成表8-6中第三栏的分数。

第三节 雅思

一 雅思考试的性质和用途

雅思(International English Language Testing System,简称 IELTS)是由英国文化委员会(The British Council)、剑桥大学地方考试委员会(CUCLES)和澳大利亚教育国际开发署(IDP Education Australia)共同举办的国际英语水平测试。此项考试是为申请赴英联邦国家(英国、澳大利亚、加拿大、新西兰等)留学、培训的非英语国家学生而设,用来评定考生运用英语的能力。英国、澳大利亚、新西兰、加拿大、荷兰、英格兰、苏格兰、新加坡、美国等国家的200所院校以及其他许多国家的众多院校均采用并认可雅思成绩。加拿大、澳大利亚、新西兰等国家的移民局均将雅思考试成绩作为技术及其他类移民中衡量英语语言能力的唯一标准。以上国家的学校和进修项目及其他许多国家院校都接受雅思考试成绩,并设立不同的成绩合格标准。

雅思考试分为学术类(academic module)和普通培训类(general training module)两种。两种类型的听力和口语两部分采用同一试卷,阅读和写作两部分采用不同的试卷。一般来说,申请学习正规课程(如高等院校学位课程)者应参加学术类考试;申请非正规课程或非学位课程者以及移民申请者,只需参加普通培训类考试。雅思的听力、阅读和写作三部分考试在上午进行,口语考试在下午或第二天进行,四项考试考生必须全部参加。

雅思考试没有次数上的限制。考生如果对考试成绩不满意,可以选择再考,但两次考试时间相隔不能少于三个月。雅思考试自1990年4月开始在中国推广,英国大使馆文化教育处专门设有考试部,负责雅思工作。目前在中国设有固定考点十几个,北京和上海每月举办一次考试,北京还经常需要加试。其他地区每两三个月举办一次。

二 试卷结构和题型设计

雅思考试不根据等级再分设考试,整个考试由一套试卷构成,主要采用纸笔考试形式,部分地区也开始采用机考考试形式,两种考试的考试内容相同。虽然雅思考试分为学术类和普通培训类两种,但两种考试的试卷结构和题型设计相同,仅在题目内容上不同。

(一)试卷结构

雅思考试由客观卷和主观卷构成,客观卷由听力理解和阅读理解两大部分构成,主观卷由口语考试和写作考试构成。雅思考试客观卷时间共90分钟,主观卷时间共约74分钟(详见表8—7)。

表8—7 雅思考试的构成

考试内容	考试项目		试题数量	考试时间
客观卷考试	听力理解	听力理解1	40	30分钟
		听力理解2		
		听力理解3		
		听力理解4		
	阅读理解	阅读理解1	40	60分钟
		阅读理解2		
		阅读理解3		
	总计		80	90分钟
主观卷考试	口语考试	口试1		11—14分钟
		口试2		
		口试3		
	写作考试	写作1	1	60分钟
		写作2	1	
	总计			71—74分钟
合计				161—164分钟

(二)题型说明

听力理解(listening comprehension)分测验由四个部分构成,一般为独白或两人、多人对话,共40道题。30分钟播放录音,10分钟写答案。每个部分只听一遍。听力理解的前两部分主要是一些日常生活中有关社会状态和人际关系的各种场景,如关于食宿或购物的谈话;后两个部分则是学生在学习过程中遇到的一些典型场景,如与导师或管理人员的讨论以及简短的课程介绍,或对教育、学术以及世界性话题的探讨,具有实用性和常识性的特点。听力部分的题型包括选择题、简答题、填空题、图表题和配对题(如将所给图片与所听的内容匹配)。

阅读理解(reading comprehension)分测验由几篇文章构成,共40题。考试材料多来自书本及杂志,有一定量的图表题。这部分的题型有填空、搭配、回答问题、完成句子、多项选择和判断正误等。学术类阅读考试为三篇长文章,总计1500—1800字;普通培训类阅读考试为多篇短文(如广告等)和一篇长文章。考试材料多来源于报刊和应用文,生活化为其主要特色,如工具、电器使用说明、规程、规章,关于教育、环境、娱乐等的生活评论性小品文;有关政治、经济、军事等话题的材料一般不会入选。

口语考试(test of spoken English):学术类和普通培训类的口语考试是相同的,均由三个部分构成:口试第一部分,就个人熟悉的话题提问。这部分试题要求被试做自我介绍,并就个人熟悉的话题回答问题,时间4—5分钟;口试第二部分,叙述性谈话。这部分试题,考官在第一部分对话的基础上,自然地引申一个话题,要求被试提高深度,描述事物,或发表对某事的观点。准备时间60秒,回答时间3—4分钟;口试第三部分,议论性话题。这部分试题,考官在第二部分对话的基础上,自然地引申一个抽象话题,要求被试发表观点和看法。时间4—5分钟。

作文考试(test of written English)分两种,学术类作文考试和普通培训类作文考试。这两种作文考试均由两个部分构成。作文考试第一部分,学术类作文试题要求被试描述一幅表格或图表,普通培训类作文试题要求被试写一封询问信或解释函,两类考试的字数要求均为150字,时间20分钟。作文考试第二部分,两类考试的这部分试题均要求被试根据所给话题发表评论,阐述观点,字数不少于250字,时间40分钟。

三 分数体系

雅思考试包括四个部分,依次为听力、阅读、写作和口语,每一部分都独立评分,满分均为9分,四部分得分的平均分作为被试的雅思综合得分(小数部分取舍到最近的一分或半分,即如果平均分为6.125分,雅思得分算作6分)。成绩单上将列出考生每一部分的得分,同时给出考生的综合得分。

第四节 汉语水平考试

一 汉语水平考试的性质和用途

汉语水平考试(HSK)是为测试母语非汉语者(包括外国人、华侨和中国国内少数民族人员)的汉语水平而设立的国家级标准化考试。1984年由北京语言学院(今北京语言大学)开始研制,1990年通过了专家鉴定,1991年推向海外。HSK在设计之初,仅有初、中等汉语水平考试[HSK(初、中等)],后来应社会和研究的需求,开始研制开发高等汉语水平考试[HSK(高等)]和基础汉语水平考试[HSK(基础)]。1993年,HSK(高等)通过专家审定;1997年,HSK(基础)通过专家鉴定。现在,HSK已经形成了一个包括HSK(基础)、HSK(初、中等)和HSK(高等)的水平由低到高的、完整的考试系统,考生可以根据自己的实际水平和不同需求选报其中一种考试。

HSK的功能主要表现在三方面:一是作为测量考生汉语实际水平的主要标尺;二是作为检查和评估教学效果、教学质量的重要依据(标准);三是对对外汉语教学进行宏观指导,推动教学内容和教学方法的改进或改革,对整个对外汉语教学起积极的反馈作用。(刘英林、郭树军、王志芳,1989)在这三个功能中,第一个功能显得非常重要和实际,它的主要表现有:第一,界定留学生进入我国大学学习时必须具备的汉语能力标准;第二,界定我国对外汉语预备教育结业时应该具备的汉语能力标准；第三，界定国外汉语学习者来我国继续学习时分班的能力标准；第四，界定国外汉语学习者、在华工作人员、华侨子女或国内非汉族人获取普通汉语水平证书的能力标准。(刘英林,1989)

　　HSK 是一种具有稳定、准确标准的标准化考试。各国对标准化考试的理解和实施不完全相同。美国标准化考试最主要的特点是"建立常模"，认为这是一个考试成为标准化考试的充分必要条件。英国标准化考试最突出的特点是关心考生是否达到"规定的标准"而不是平均水平，它推行的"普通教育证书考试"(GCE)含有两个级别的考试，每种考试都有一个"规定的标准"作为及格标准，它是一种所谓的"标准参照考试"。HSK 对考试误差进行一定程度的控制，使其产生符合要求的信度和效度，同时建立了几种较为稳定、准确的标准，这些标准主要是通过预测、试测以及对经过 HSK 考试后正在学习的各类学生状况的分析得来的。从参照性质上讲，HSK 属于常模参照考试。

　　HSK 设计和研发的主要依据是中国对外汉语教学学会编制、国家对外汉语教学领导小组办公室审定的《汉语水平等级标准和等级大纲》，北京语言大学汉语水平考试中心编制的《汉语水平词汇与汉字等级大纲》和国家对外汉语教学领导小组办公室汉语水平考试部编制的《汉语水平等级标准与语法等级大纲》。

二　试卷结构和题型设计

　　HSK 分 HSK(基础)、HSK(初、中等)和 HSK(高等)，下面逐一介绍这三个考试的试卷结构和题型设计。

(一)HSK(基础)试卷结构和题型

　　HSK(基础)适用于母语非汉语的汉语初学者。凡接受过 100—800 个学时的汉语专业学习，掌握 600—3000 个常用词(或相当于这一水平)的汉语初学者，都可以适应 HSK(基础)的考试要求。

1.试卷结构

　　HSK(基础)试卷结构分为三个部分：听力理解、语法结构和阅读理解，共 140 题，考试时间约为 135 分钟(见表 8—8)。

表8－8　HSK（基础）的试卷结构

考试内容	考试项目	试题数量		考试时间
听力理解	听力理解1	15	50	约35分钟
	听力理解2	15		
	听力理解3	20		
语法结构	语法结构1	20	40	40分钟
	语法结构2	20		
阅读理解	阅读理解1	20	50	60分钟
	阅读理解2	30		
共计		140		约135分钟

2.题型说明

听力理解分测验主要考查被试听懂并理解汉语口语的能力，对主要信息的反应能力，对近似的语音语调的辨别能力。这一阶段的听力材料多数在句子这个层面，少部分是语段；语速也较正常语速略慢，每分钟约180—200字。听力理解第一部分，听后看图选择。这部分试题，每一题被试都会听到一句话。在试卷上，被试会看到A、B、C、D四张图片，要求被试选出跟这句话内容一致的那一张。听力理解第二部分，听问题并选择应答。这部分试题，都是一个人问一句话。在试卷上，被试会看到A、B、C、D四种回答，要求被试选出唯一正确的回答。听力理解第三部分，听对话和问题并选择回答。这部分试题，都是两个人的对话，第三个人根据对话问一个或几个问题，每个问题都有A、B、C、D四个备选答案，要求被试选出唯一正确的答案。听力理解的前两个部分，每个题目听两遍；第三个部分，每个题目只听一遍。每个题目的答题时间都是20秒钟。

汉语语法的主要特点是词序的变化和虚词的运用，所以语法结构项目分为两部分，主要是在句子层面上来考查被试的语言能力和语法知识。语法结构第一部分，选择正确的句子。这部分试题，每个题都有A、B、C、D四个句子，要求被试选出唯一正确的句子。语法结构第二部分，选择正确答案完成句子。这部分试题，每个题都有一个空儿，要求被试在A、B、C、D四个备选答案中选择唯一正确的答案。

阅读理解分测验主要考查被试阅读简单的记述性文字的能力；阅读一般的便条、通知、书信、海报、表格等应用性文字的能力；阅读简单新闻报道的能力；抓住主要信息的能力。要求被试的阅读速度一般在每分钟 100 字左右。阅读理解第一部分，选择正确答案完成一段话。这部分试题，每个题都有几个空儿，每个空儿后面都有 A、B、C、D 四个备选答案，要求被试在备选答案中选择唯一正确的答案。阅读理解第二部分，短文阅读。这部分试题，每段材料后都有若干个问题，每个问题都有 A、B、C、D 四个备选答案，要求被试根据材料的内容选出唯一正确的答案。

(二) HSK(初、中等)试卷结构和题型

HSK(初、中等)适用于接受过 400—2000 个学时的汉语专业学习，掌握 2000—5000 常用词(或相当于这一水平)的母语非汉语者。

1. 试卷结构

表 8—9　HSK(初、中等)试卷结构

考试内容	考试项目	试题数量		考试时间
听力理解	听力理解 1	15	50	约 35 分钟
	听力理解 2	20		
	听力理解 3	15		
语法结构	语法结构 1	10	30	20 分钟
	语法结构 2	20		
阅读理解	阅读理解 1	20	50	60 分钟
	阅读理解 2	30		
综合填空	综合填空 1	24	40	30 分钟
	综合填空 2	16		
共计			170	约 145 分钟

HSK(初、中等)试卷结构分为三个部分：听力理解、语法结构、阅读理解

和综合填空,共170题,考试时间约为145分钟(见表8—9)。

2.题型说明

听力理解分测验主要考查被试听懂并理解汉语口语的能力,听懂正常语速(每分钟约170—220字)的普通话,或略带方音普通话的能力;听懂用普通话以基本正常的语速讲授大学基础课主要内容的能力。听力理解第一部分,听句子和问题后选择回答。这部分试题,都是一个人说一句话,第二个人根据这句话提一个问题,每个问题都有A、B、C、D四个备选答案,要求被试选出唯一正确的答案。听力理解第二部分,听简短对话后选择正确答案。这部分试题,都是两个人的简短对话,第三个人根据对话提出一个问题,每个问题都有A、B、C、D四个备选答案,要求被试选出唯一正确的答案。听力理解第三部分,听长对话或独白后选择正确答案。这部分试题,是几段较长的对话或讲话。每段话之后,第二个人或第三个人根据对话或讲话提若干问题,每个问题都有A、B、C、D四个备选答案,要求被试选出唯一正确的答案。听力理解的三个部分,每个题目只听一遍。每个题目的答题时间都是17秒钟。

语法结构分测验主要考查被试对汉语语法知识的掌握程度。语法结构第一部分,选择正确答案完成句子。这部分试题,每题是一个不完整的句子,在每个句子下面都有一个"指定词语",每个"指定词语"都有A、B、C、D四个位置,要求被试选出唯一恰当的位置。语法结构第二部分,选择正确答案完成句子。这部分试题,每个题都有一个空儿,要求被试在A、B、C、D四个备选答案中选择唯一正确的答案填空儿。

阅读理解分测验主要考查被试掌握和综合运用汉语词汇、语法、表达方式等的能力以及理解汉语书面材料的能力。要求被试的阅读速度一般在每分钟150—250字左右。阅读理解第一部分,词汇题。这部分试题,每个句子中都有一个画线词语,每个画线词语下面都有A、B、C、D四个备选答案,要求被试在备选答案中选择最接近该画线词语的一个词语。阅读理解第二部分,读后选择答案。这部分试题,分别选择若干题材、体裁、长度、难易程度不同的阅读材料,每篇材料后提出若干问题,每题有A、B、C、D四个备选答案,要求被试选择最恰当的答案。

综合填空第一部分，词语填空。这部分试题，每段材料中都留有若干个空儿，每个空儿后面都有 A、B、C、D 四个备选答案，要求被试在备选答案中选择唯一正确的答案。综合填空第二部分，汉字填空。这部分试题，每段材料中都留有若干个空儿，要求被试在每一个空格中填写一个最恰当的汉字。

(三) HSK(高等)试卷结构和题型

HSK(高等)适用于具有高等汉语水平的母语非汉语者，它考查的语言能力，基本是在 8000 等级词(或相当于这一水平)范围内和 8000 等级词基础之上。

1. 试卷结构

HSK(高等)的试卷由三套相对独立的试卷构成：120 题客观性考试试卷、作文试卷以及口试试卷。这一试卷构成如表 8—10 所示。

表 8—10 HSK(高等)试卷结构

考试内容	考试项目		试题数量		考试时间
客观性考试	听力理解	听力理解 1	25	40	约 25 分钟
		听力理解 2	15		
	阅读理解	阅读理解 1	15	40	40 分钟
		阅读理解 2	25		
	综合表达	综合填空 1	10	40	40 分钟
		综合填空 2	10		
		综合填空 3	10		
		综合填空 4	10		
	总计		120		约 105 分钟
主观性考试	作文	作文 1	1		30 分钟
	口试	口试 1	3		准备 10 分钟 考试 10 分钟 共 20 分钟
		口试 2			
		口试 3			
	总计				50 分钟
合计					约 155 分钟

2.题型说明

(1)客观性试题

听力理解分测验主要考查被试听懂并理解汉语口语的能力,听懂正常语速的普通话,或略带方音普通话的能力;听懂用普通话以正常的语速讲授大学基础课主要内容的能力。听力理解第一部分,听长对话后回答问题。这部分试题,是由播音员录制的几段新闻报道、讲话和对话,每段对话之后,被试将听到几个问题,每个问题都有 A、B、C、D 四个备选答案,要求被试根据听到的内容选出唯一正确的答案。听力理解第二部分,听实况录音后选择正确答案。这部分试题,是几段广播、电视中采访的实况录音,每段录音之后,被试将听到几个问题,每个问题后面都有 A、B、C、D 四个备选答案,要求被试选出唯一正确的答案。听力理解的两个部分,每个题目只听一遍。每个题目的答题时间都是 15 秒钟。

阅读理解分测验主要考查被试掌握文章主旨、要点和梗概,准确领会作者的态度和感情倾向的能力;凭借上下文,准确领会词语引申义、活用义,多义词含义以及成语、熟语含义的能力;读懂略带文言色彩文章的能力。阅读理解第一部分,快速阅读题。这部分试题,被试将看到几段阅读材料,每段材料后面都有几个问题,每个问题后面都有 A、B、C、D 四个备选答案,要求被试在备选答案中选出唯一正确的答案。这部分试题主要测试考生快速阅读查找所需信息的能力。阅读理解第二部分,读后选择答案。这部分试题,分别选择若干题材、体裁、长度、难易程度不同的阅读材料,每篇材料后提出若干问题,每题有 A、B、C、D 四个备选答案,要求被试选择最恰当的答案。

综合填空分测验主要考查被试对语法、词语、语段的理解和运用能力。综合表达第一部分,挑错题。这部分试题,每段话下面都有 A、B、C、D 四个画线部分,要求被试从中选出有错误的一部分。综合表达第二部分,词语填空。这部分试题,每题都是一段话,每段话都有 3—5 个空儿,每题都有 A、B、C、D 四组备选答案,要求被试选出最恰当的一组答案。综合表达第三部分,排序题。这部分试题,每题都有 A、B、C、D 四个语句,要求考生按正确顺序排列成一段话,然后在答卷上按排定的顺序写下四个字母。综合表达第四部分,汉字填空。这部分试题,每段材料中都留有若干个空儿,要求被试在每一个空格中填写一个最恰当的汉字。

(2)主观性试题

作文考试。这部分试题是限制性命题作文,有两种命题模式:第一,给出题目和一段相关语料,要求考生参照提供的语料完成400字命题作文;第二,给出题目,要求考生按照题目完成命题作文。

口语考试。这部分试题由两部分内容组成。第一部分朗读一段250字左右的短文,时间约用2分钟;第二部分口头回答两个问题,第一个问题是叙述性或介绍性的,第二个问题是说明性或议论性的。

三 分数体系

HSK 的分数体系为三等11级,即基础、初、中等和高等三个等级以及各等级包含的小级别(见表8—11)。

表8—11 HSK 的等级分数

证书等级		分数等级
等第	获证级别	
基础	C	1级
	B	2级
	A	3级
初等	C	
	B	4级
	A	5级
中等	C	6级
	B	7级
	A	8级
高等	C	9级
	B	10级
	A	11级

客观卷的报道分数采用导出分数的形式,分数的转换过程为:原始分数→等值→导出分数。三个等级的 HSK 的分数体系为:

1. HSK(基础)

HSK(基础)的单项分数在 0—100 分之间,是一个以 50 为平均分,以 20 为标准差的标准分数。总分在 0—300 分之间,由单项标准分相加得到。单项标准分反映了考生在 HSK(基础)标准样组中的相对位置。下表给出了单项标准分的百分位。表中下面一行是低于相应分数的人在 HSK(基础)标准参照样组中所占的百分比。

表 8—12　HSK(基础)单项标准分和百分位对照表

单项标准分	100	76	67	60	55	50	45	40	33	24
百分位	99	90	80	70	60	50	40	30	20	10

HSK(基础)根据总分确定分数等级和证书等级,分数等级划分和证书授予标准见表 8—13:

表 8—13　HSK(基础)的等级分数

证书等级		分数等级	总分
等第	级别		
基础证书	C	1 级	100—154
	B	2 级	155—209
	A	3 级	210—300

2. HSK(初、中等)

HSK(初、中等)的单项分数是一个以 50 为平均数,15 为标准差的量表分;总分是一个以 200 为平均数,60 为标准差的量表分。这些分数反映出被试在 HSK(初、中等)标准样组中的相对位置。下表最右边一列"百分位"表示低于相应分数的人在 HSK(初、中等)标准参照样组中所占的百分比。HSK(初、中等)总分不等于 HSK(初、中等)单项分数之和[①]。HSK(初、中等)的分

[①] 详见谢小庆《汉语水平考试的分数体系》,《首届汉语考试国际学术讨论会论文选》,北京语言学院出版社,1995。

数体系和等级分数见表 8—14 和表 8—15。

表 8—14　HSK(初、中等)的总分、单项标准分及百分位对照表

HSK 分数		百分位
总分	单项标准分	
400	100	99
277	69	90
250	63	80
231	58	70
215	54	60
200	50	50
185	46	40
169	42	30
150	37	20
123	31	10

表 8—15　HSK(初、中等)单项等级分数和总分等级分数一览表

证书等级		分数等级	等级分数范围				
等第	级别		听力	语法	阅读	综合	总分
		底线	29—37	28—36	30—38	28—36	115—147
初等证书	C	3 级	38—46	37—45	39—47	37—45	151—183
	B	4 级	47—55	46—54	48—56	46—54	187—219
	A	5 级	56—64	55—63	57—65	55—63	223—255
中等证书	C	6 级	65—73	64—72	66—74	64—72	259—291
	B	7 级	74—82	73—81	75—83	73—81	295—327
	A	8 级	83—100	82—100	84—100	82—100	331—400

3. HSK(高等)

　　HSK(高等)单项分数是一个以 50 为平均数,15 为标准差的量表分;总分在 0—300 分之间,由单项标准分相加得到。这些分数反映出被试在 HSK(高

等)标准样组中的相对位置。表8—16最下边一行"百分位"表示低于相应分数的人在HSK(高等)标准参照样组中所占的百分比。HSK(高等)的分数体系和等级分数见表8—16和表8—17。

表8—16　HSK(高等)单项标准分与百分位对照表

单项标准分	100	69	63	58	54	50	46	42	37	31
百分位	99	90	80	70	60	50	40	30	20	10

表8—17　HSK(高等)单项等级分数和总分等级分数一览表

证书等级		分数等级	等级分数范围					
等第	级别		听力	阅读	综合	作文	口试	总分
		底线	46—57	42—53	42—53	46—57	44—55	220—275
高等证书	C	9级	58—69	54—65	54—65	58—69	56—67	280—335
	B	10级	70—81	66—77	66—77	70—81	68—79	340—395
	A	11级	82—100	78—100	78—100	82—100	80—100	400—500

四　考试规模

汉语水平考试自1990年通过专家鉴定以来,已在海内外引起越来越大的反响,到现在为止,已有120个国家和地区的100万余人次参加了HSK考试。

1990年,中国汉语水平考试首先在国内推广,在北京、上海、天津、大连设立了5个考点。目前,国内已在北京、上海、天津、大连、武汉、南京、广州、西安、昆明、长春、济南、哈尔滨、延吉、沈阳、青岛、杭州、郑州、厦门、南宁、桂林、西宁、呼和浩特、乌鲁木齐、成都、长沙和香港、澳门特别行政区等34个城市设立了69个考点。

1991年汉语水平考试开始推向海外,同年6月,汉语水平考试工作小组在新加坡主持了海外的第一次汉语水平考试,这次考试试点工作取得了圆满成功。截止到2006年,汉语水平考试已在日本、韩国、新加坡、加拿大、澳大利亚、德国、法国、意大利、菲律宾、马来西亚、泰国、俄罗斯、英国、越南、新西兰、美国、奥地利、芬兰、比利时、瑞典、丹麦、匈牙利、缅甸、印度尼西亚、西班牙、蒙古、捷克、瑞士、苏丹、希腊、乌克兰、墨西哥、保加利亚、荷兰、斯洛文尼亚、波兰、塞尔维亚和黑山共和国设立了 68 个考点，并将逐步建立世界性的考试网络。

五　发展趋势

HSK 是随着对外汉语教学事业一起成长与发展的，在 HSK 走过的二十余年中，随着考试需求的变化和相关研究的开展，现行 HSK 存在的一些不足和需要改进的地方日益暴露出来。这些问题可以归纳为三个大的方面：第一，现行 HSK 的分数体系问题。现行 HSK 分数体系为三等 11 级，等级划分得过细带来相对较大的误差以及等级间的衔接存在交叉和重合；第二，现行 HSK 的常模参照样组是 1989 年制定的 240 人样组，随着汉语教学的发展，汉语学习者的规模和构成都发生了很大变化，当时的常模参照样组已经不能很好地代表现在的考生总体；第三，缺少针对中、低端学习者的口语和写作考试。

现在改进版 HSK 已经面世，针对现行 HSK 存在的问题，改进版 HSK 都做了逐一改进，但还没有完全应用到社会上来，我们期待着改进版 HSK 发展得更好，更完善，进一步在语言测验领域做出更大的贡献。

第五节　实用汉语水平认定考试

一　实用汉语水平认定考试的性质和用途

实用汉语水平认定考试（C.TEST）是北京语言大学汉语水平考试中心继 HSK 之后于 2006 年 7 月推出的全新的汉语作为第二语言的水平考试，它测试的是国际环境下的母语非汉语人士在社会生活以及日常工作中实际运用汉语的能力。C.TEST 对被试的年龄、性别、国籍、学历、身份或其他个人经历没有任何限制，它是人力资源管理部门鉴定职员职业汉语能力、按国际通用标准合理安排工作的可靠而公正的依据,因此,它适合那些想凭借汉语水平的权威认定来得到企业或其他用人机构的认可,而获得工作岗位、职位提升或业务培训等职业机会的母语非汉语人士。

C.TEST主要用于考查被试在商务、贸易、文化、教育等国际交流环境中使用汉语的熟练程度,对被试的汉语实际应用能力给予权威的认定。其用途主要体现在以下方面:第一,可以用来评估国际交流环境下的商务、贸易、工业、技术、管理等行业或领域需要使用汉语进行工作的人员,可以帮助企业或机构在聘任、提升、调配、培训员工方面对相关人员的汉语水平进行认定和考核;第二,教育培训机构可以将C.TEST成绩作为新学员入学和继续学习的分班依据及学习进展证明;第三,高等教育机构可以将母语非汉语者的C.TEST成绩作为重要参考,对他们毕业后的就业提供有针对性的指导意见。

C.TEST是一个标准化的语言水平考试,在可靠性方面达到了很高的标准。C.TEST开发者运用现代测验理论对分数进行了技术处理,使参加各次不同C.TEST的被试之间的分数是可以比较的,保证C.TEST同一级别的证书等价。

C.TEST与HSK不同,HSK主要用于汉语作为第二语言教学的环境中,衡量来华留学生学习专业所必须具备的汉语能力和汉语作为第二语言的基础教学结业时应具备的汉语能力等;而C.TEST则主要是用在国际交流背景下的社会生活和日常工作环境中,为公司和机构等用人单位提供界定人员汉语实际运用能力的标准。由于二者的用途不同,因此二者在试卷结构和题型设计上也就相应地存在一些不同,C.TEST的听力理解在整个试卷中的比重为43%,明显大于HSK考试。另外一个比较突出的不同之处就是,C.TEST的考试材料是全公开的,而HSK的考试材料是不公开的。

此外,C.TEST不仅包括笔试,还包括口试。为了更好地测量被试的交际能力,北京语言大学汉语水平考试中心专门研制开发了面试型口语考试,目前C.TEST面试型口语考试为对外汉语研究领域的第一个汉语作为第二语言的面试型口语考试，与 HSK 口语考试的考试形式存在很大不同。

二 试卷结构和题型设计

C.TEST 分为初级[C.TEST(E—F 级)]、中高级[C.TEST(A—D 级)]和面试型口语考试[C.TEST(面试型口语考试)]三个独立的考试。下面逐一介绍这三个考试的试卷结构和题型设计。

(一)C.TEST(E—F 级)试卷结构和题型

C.TEST(E—F 级)适用于已经学习了 400—600 学时汉语的被试。

1. 试卷结构

C.TEST(E—F 级)试卷结构包括听力理解与文法和阅读两个部分，共 140 题，考试时间约为 115 分钟(详见表 8—18)。

表 8—18　C.TEST(E—F 级)试卷结构

题型		试题数量	答题时间
听力理解	选择正确读音	10	约 45 分钟
	看图回答问题	10	
	听后应答	20	
	长对话或讲话	20	
	小计	60	
文法和阅读	看词选拼音	10	70 分钟
	语法	30	
	词汇	10	
	阅读	20	
	组句	10	
	小计	80	
共计		140	约 115 分钟

2. 题型说明

听力理解部分主要考查被试在国际交流环境中听懂并理解汉语口语的能力。听力理解第一部分，选择正确读音。这部分试题，每道题被试都会听到一个词语,每个词语的后面都有 A、B、C、D 四个汉语拼音注音选项,要求被试选出唯一正确的答案。听力理解第二部分,看图回答问题。这部分试题,都是一幅图片或照片,被试将会听到 A、B、C、D 四个备选答案,其中只有一个备选答案和图片相符,要求被试选出唯一正确的答案。听力理解第三部分,听后应答。这部分试题,每道题都会听到一句话和 A、B、C、D 四种应答,要求被试选出最恰当的应答。听力理解第四部分,长对话或讲话。这部分试题,都是两个人的对话,第三个人根据对话提出一个问题,每个问题都有 A、B、C、D 四个备选答案,要求被试选出唯一正确的答案。

文法和阅读部分主要考查被试掌握汉语基础语法的程度、理解中文书面材料的能力以及运用中文进行书面表达的能力。文法和阅读第一部分,看词选拼音。这部分试题,每题都有一个词语,后面有 A、B、C、D 四个汉语拼音注音选项,要求被试选出最恰当的一个答案。文法和阅读第二部分,语法。这部分试题,每个句子都缺少一个或两个词语,每个句子后面都有 A、B、C、D 四个备选答案,其中只有一个可以使句子完整、正确,要求被试选出最恰当的一个答案。文法和阅读第三部分,词汇。这部分试题,每道题都是一个句子,每个句子中都有一个画线的词语,每个词语后面都有 A、B、C、D 四种不同解释,要求被试选择最恰当的答案。文法和阅读第四部分,阅读。这部分试题有几段文字材料,每段材料后面都有一个或几个问题,每个问题都有 A、B、C、D 四个备选答案,要求被试从中选出唯一恰当的答案。文法和阅读第五部分,组句。这部分试题,每道题都是几个词,要求被试用这些词连成一个正确的句子,每个词只能用一次。

(二)C.TEST(A-D 级)试卷结构和题型

C.TEST(A-D 级)适合于已经学习 1000-2000 学时(或更长时间)汉语的被试。

1. 试卷结构

C.TEST(A-D 级)试卷结构包括听力理解和综合运用两个部分,共 160 题,考试时间约为 150 分钟(详见表 8-19)。

表 8-19 C.TEST(A-D 级)试卷结构

题型		试题数量		答题时间
听力理解	看图回答问题	10	70	约 50 分钟
	听简短对话回答问题	20		
	听长对话回答问题	20		
	听后做笔记	20		
综合运用	词语填空	10	90	100 分钟
	语序	20		
	阅读	30		
	挑错	10		
	综合填空	10		
	造句	10		
共计		160		约 150 分钟

2. 题型说明

听力理解部分主要考查被试在国际交流环境中听懂并理解汉语口语的能力。听力理解第一部分,看图回答问题。这部分试题,每道题被试都会听到一个陈述和一个问题,同时在试卷上看到一幅图表和 A、B、C、D 四个备选答案,要求被试根据听到和看到的内容选出唯一正确的答案。听力理解第二部分,听简短对话回答问题。这部分试题,都是两个人的简短对话,第三个人根据对话提出一个问题,每个问题都有 A、B、C、D 四个备选答案,要求被试选出唯一正确的答案。听力理解第三部分,听长对话回答问题。都是两个人的对话,第三个人根据对话提出一个问题,每个问题都有 A、B、C、D 四个备选答案,要求被试选出唯一正确的答案。听力理解第四部分,听后做笔记。这部分试题,是几段演讲录音,被试将在试卷上看到几段不完整的笔记,每段录音之后,要求被试根据听到的内容完成笔记。

综合运用部分主要考查被试掌握汉语语法及书面表达方式的程度、理解中文书面材料的能力以及运用中文进行书面表达的能力。综合运用第一部分,词语填空。这部分试题,每题都是一句话,每句话都有1—2个空儿,每个空儿都有A、B、C、D四个备选答案,要求被试选出最恰当的一个答案。综合运用第二部分,语序。这部分试题,分两个部分,第一小部分,每道题都有一个需要确定位置的词,每个词都有A、B、C、D四个备选位置,要求被试选出一个最恰当的答案;第二小部分,每道题都是一个未完成的句子,每个未完成的部分都有A、B、C、D四个备选答案,要求被试选出最恰当的一个答案。综合运用第三部分,阅读。这部分试题,分别选择若干题材、体裁、长度、难易程度不同的阅读材料,每篇材料后提出若干问题,每题有A、B、C、D四个备选答案,要求被试选择最恰当的答案。综合运用第四部分,挑错。这部分试题,每段话下面都有A、B、C、D四个画线部分,要求被试从中选出有错误的一部分。综合运用第五部分,综合填空。这部分试题,每段材料中都留有若干个空儿,要求被试在每一个空格中填写一个最恰当的汉字。综合运用第六部分,造句。这部分试题,每段材料中都留有若干个空儿,要求被试在每一个空格中填写一个最恰当的句子。

(三) C.TEST(面试型口语考试)面试程序和测验任务

C.TEST(面试型口语考试)适合于任何母语非汉语者,对学习者的性别、年龄、水平没有任何要求,旨在考查国际环境中母语非汉语人士在社会生活以及日常工作中运用汉语进行口头交际的能力。该考试将对被试在商务、贸易、文化、教育等国际交流环境中的汉语口语交际能力做出科学和权威的评价。考试的结果将为用人单位在人员招聘、选拔、晋升等决策过程中评价相关人员的汉语口语交际能力提供参考依据。

C.TEST口语考试采用面试的测验组织形式,由两名面试官对同一名被试进行考查与评价。两名面试官中,一名为主面试官,负责控制整个面试程序,包括提问、引导、互动等环节;另一名为副面试官,负责对被试在各个环节的表现进行记录和评价(副面试官负责完成对各个环节进行评价的面试评估手册)。两名面试官各司其职,但在面试结束后都给被试打分。北京语言大学汉语水平考试中心将对两名面试官给出的分数进行监控,如有2个等级以上的出入,他们将会根据现场录像聘请专家进行复评。

C.TEST 口语考试的面试程序由以下三个阶段组成:热身(warm up)、反复评估(iterative-process)和结束(wind down)。

热身部分的目的是为了缓解被试的紧张情绪,适应面试官的发音,以便开展进一步的交流。这部分的内容为自我介绍和简单问答,话题包括兴趣爱好、工作、家庭、日常活动等方面的情况。

反复评估阶段为面试的主要阶段,目的是为了最终确定被试的水平等级。在这个阶段面试官通过多种形式和难度层次的测验任务来估计被试的语言水平。测验任务涉及描述、叙述、议论和辩论等内容,面试官将根据被试的能力水平给予不同的测验任务,从难度上层级递进,以反复评估其水平等级,从而给出准确的评价。此阶段包括估计、摸底、定位、探顶四个环节。估计是指通过热身阶段的交流对被试的水平做出粗略估计,将其归入初、中、高三个等级中的某一个。然后从所估计的水平等级的下一个等级开始对被试进行考查,即进入摸底阶段。摸底的目的是为了了解被试的基本能力和确定被试的能力下限。摸底工作结束后,面试官将进一步评估被试的水平等级,并以这个水平等级为基准来进行下一个环节。摸底的下一个环节是定位,在这个环节中面试官让被试完成与其水平相符的测验任务,以检验对被试水平等级的评判。最后一个环节是探顶。所谓探顶就是要了解被试可能具有的最高水平,即确定其能力上限。在这个环节中,面试官会加大提问的难度,让被试完成比其基本水平要高一等级的测验任务。在探顶环节结束后,面试官对被试的基本水平和能力范围都有了比较全面的了解。

结束阶段的目的是为了友好地完成整个面试程序,恢复被试的自信心,同时也可以进一步核对被试的水平等级。在这个阶段,面试官会根据被试的能力水平与之进行交流,问题的难度与被试的水平相符或略低于其水平。通过这一阶段,被试的自信心将得到恢复。

整个考试大约用时 10 分钟,低水平者用时短一些,高水平者用时长一些。

三 分数体系

C.TEST 的分数体系为:

(一)C.TEST(E－F 级)

C.TEST(E－F 级)单项分和总分都是以 300 为平均分,以 60 为标准差,分布范围在 0－500 之间的导出分数。单项标准分反映了考生在 C.TEST(E－F 级)标准样组中的相对位置。在下表中给出了单项标准分的百分位。

表 8－20 C.TEST(E－F 级)单项标准分和百分位

单项标准分	100	76	67	60	55	50	45	40	33	24
百分位	99	90	80	70	60	50	40	30	20	10

C.TEST(E－F 级)根据总分确定分数等级和证书等级,分数等级划分和证书授予标准见表 8－21:

表 8－21 C.TEST(E－F 级)等级分数

证书等级		总分
等第	级别	
C.TEST(E－F 级)证书	无	小于 270
	F	270－330
	E	大于 330

(二)C.TEST(A－D 级)

C.TEST(A－D 级)单项分和总分都是以 500 为平均分,以 150 为标准差,分布范围在 0－1000 之间的导出分数。单项标准分反映了考生在 C.TEST(A－D 级)标准样组中的相对位置。在下表中给出了单项标准分的百分位。

表8—22 C.TEST(A—D级)单项标准分和百分位

单项标准分	100	76	67	60	55	50	45	40	33	24
百分位	99	90	80	70	60	50	40	30	20	10

C.TEST(A—D级)根据总分确定分数等级和证书等级,分数等级划分和证书授予标准见表8—23:

表8—23 C.TEST(A—D级)等级分数

证书等级		总分
等第	级别	
C.TEST(A—D级)证书	无	小于425
	D	425—500
	C	500—575
	B	575—725
	A	大于725

(三)C.TEST(面试型口语考试)

C.TEST(面试型口语考试)将不再设立分等级的独立的考试,所有被试均统一报名参加同一考试。为配合C.TEST客观卷的证书等级,C.TEST(面试型口语考试)水平等级将与客观卷证书等级挂钩,具体表示为:

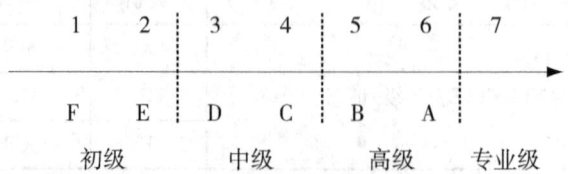

图8—1 C.TEST(面试型口语考试)与客观部分的分数对照

也就是说,参加面试得1分者将获得C.TEST口语考试F级证书,得2分者将获得E级证书,依次类推。

四 考试规模

作为一个新考试,实用汉语水平认定考试已在海内外引起了越来越大的关注,到现在为止,已有1000余人次参加了实用汉语水平认定考试。

2006年,实用汉语水平认定考试首先在中国、日本和韩国推广,国内在北京、上海、天津、大连、广州、深圳、南京、西安、青岛、哈尔滨、沈阳和济南12个城市设立了13个考点,国外在日本的札幌、仙台、东京、横滨、大阪、京都、神户、福冈和名古屋设立了9个考点,韩国各大城市也均设有考点,实用汉语水平认定考试正在逐步建立世界性的考试网络。

思考题

1. 本章介绍的这些语言测验是在什么背景下出现的?
2. 这些测验各自的特点是什么?

参考文献

American Psychological Association. Technical Recommendations for Psychological Tests and Diagnostic Techniques. *Psychological Bulletin*, 51, 1954.

Bachman, L.F. *Fundamental Considerations in Language Testing*, Oxford University Press, 1990.

Bachman, L.F. & A.S. Palmer. *Language Testing in Practice: Designing and Developing Useful Language Tests*. Oxford University Press, 1996.

Carroll, J.B. Fundamental Considerations in Testing for English Language Proficiency of Foreign Students. In *Testing the English Proficiency of Foreign Students*. Washington DC: Center for Applied Linguistics, 1961.

Carroll, J.B. A Model of School Learning. *Teachers College Record*, 64(8), 1963.

Carroll, J.B. Foreign Language Testing: Will the Persistent Problems Persist? In M.C. O'brien(ed.) *Testing in Second Language Teaching: New Dimensions*. Dublin: ATESOL-Ireland, 1973.

Cronbach, L.J., Gleser, G.C., Nanda, H. & Rajaratnam, N. *The Dependability of Behavioral Measurements: Theory of Generalizability for Scores and Profiles*. NY: Wiley, 1972.

Cronbach, L.J. & Meehl, P.E. Construct Validity in Psychological Test. In *Psychological Bulletin*, 52, 1955.

Cronbach, L. J., N. Rajaratnam, G. C. Gleser. Theory of Generalizability: a Liberalization of Reliability Theory. *British Journal of Statistical Psychology*, 1963.

Embretson, S. E., S. P. Reise. *Item Response Theory for Psychologists*. Lawrence Erlbaum Associates, Publishers, 2000.

Farhady, H. The Disjunctive Fallacy between Discrete-point and Integrative Tests. *TESOL Quarterly*, 1979.

Feldt, L. S. & R. L. Brennan. Reliability, R. L. Linn (ed.) *Educational Measurement* (3rd.). American Council on Education, Macmillan Publishing Co, 1989.

Glaser, R. Instructional Technology and the Measurement of Learning Outcomes: Some Questions. *American Psychologist*, 18, 1963.

Hamblton, R. D., H. Swaminathan, H. J. Rogers. *Fundamental of Item Response Theory*. SAGE Publications, 1991.

Hughes, A. *Testing for Language Teacher*. Cambridge University Press, 1989.

Lord, F. M. *A Theory of Test Scores*, Psychometric Corporation, 1952.

Lord, F. M. *Applications of Item Response Theory to Practical Testing Problems*. Lawrence Erlbaum Associates, Publishers, 1980.

Lord, F. M. & M. R. Novick. *Statistical Theories of Mental Test Scores*. Addison-Wesley Pub. Co, 1968.

Kelley, T. L. The Selection of Upper and Lower Groups for the Validation of Test Items. *Journal of Educational Psychology*, Elsevier, 1939.

Messick, S. Validity. in Linn, R. L. (eds.) *Educational Measurement*, Third Editions, Macmillan Publishing Company, 1989.

O'Loughlin, K. Lexical Density in Candidate Output on Direct and Semi-direct Versions of an Oral Proficiency Test. *Language Testing*, 12, 1995.

Rogers, T. B. *The Psychological Testing Enterprise: an Introduction*. California: Brooks / Cole Publishing Company, 1995.

Rasch, G.*Probabilistic Models for Some Intelligence and Attainment Tests*. The University of Chicago Press, 1960.

Stansfield, C.W.A Comparative Analysis of Simulated and Direct Oral Proficiency Interviews.Paper presented at the Annual Meeting of the Regional Language Centre Conference, Singapore, April 9-12, 1990.

Lewis R.Aiken《心理测量与评估》,张厚粲等译,北京师范大学出版社,2006。

李筱菊《语言测试科学与艺术》,湖南教育出版社,1997。

刘英林《汉语水平考试(HSK)的等级分述与意义》,刘英林主编,《汉语水平考试研究》,现代出版社,1989。

刘英林、郭树军、王志芳《汉语水平考试(HSK)的性质和特点》,刘英林主编,《汉语水平考试研究》,现代出版社,1989。

漆书清《现代测量理论在考试中的应用》,华中师范大学出版社,2003。

漆书青、戴海崎《项目反应理论及其应用研究》,江西高校出版社,1992。

漆书清、戴海崎、丁树良《现代教育与心理测量学原理》,高等教育出版社,2002。

王凤英《测试类型、题型及题型功能》,《外语与外语教学》,2005年第3期。

谢小庆《汉语水平考试的分数体系》,《首届汉语考试国际学术讨论会论文选》,北京语言学院出版社,1995。

谢小庆、王丽《因素分析》,中国社会科学出版社,1989。

杨惠中《语言测试的设计与评估·导读》,J.Charles Alderson等著,外语教学与研究出版社,2000。

余嘉元《项目反应理论及其应用》,江苏出版社,1992。

张 凯《标准参照测验理论研究》,北京语言文化大学出版社,2002a。

张 凯《语言测验理论与实践》,北京语言大学出版社,2002b。

张 凯《测量是理论的组成部分——再谈构想效度》,《云南师范大学学报(对外汉语教学与研究版)》,2004年第5期。

张 凯《Rasch模型考辨》,张旺熹、王佶旻主编,《中国汉语水平考试HSK(改进版)研究》,北京语言大学出版社,2010。

芝祐顺《因素分析法》,曹亦薇译,人民教育出版社,1999。

后　　记

现代语言测试的研究及应用，在我国起步较晚，改革开放后，我们才逐渐知道国外已经有了相应的理论和技术。到今天，这也不过是三十多年的事情。

我们可以把语言测试看成是一项现代技术，而这项技术是建立在一些相关理论之上的。和语言测试相关的理论包括语言学理论、心理学理论、统计学理论等。由于语言测试要使用一些统计学的理论和技术，因此本教材的某些部分对文科学生来说可能有些困难。为了降低难度，在这些部分我们尽量用最简明、最通俗的方式把问题说清楚。

在本教材中，我们比较概要地介绍了语言测试从设计、开发到施测、评分的全过程。最近三十多年来，现代测量理论在语言测试中也多有应用，因此，本教材也包括了项目反应理论和概化理论的内容。最后，我们对当前国内外一些重要的语言测试做了介绍。本教材共有九章（含绪论），除绪论外，其余各章大约均需用四个学时来讲授。

此次商务印书馆约我们编写这样一部教材，实在是对我们的莫大信任。在本书编写过程中，责任编辑杜鑫先生给我们提出过很好的意见和建议，他为本书的出版付出了极大的辛劳，在此，我们向他表示衷心的谢意。

本教材为北京语言大学汉语水平考试中心部分教师集体编写，具体分工是：

绪论：张凯

第一章：赵琪凤

第二章:李慧、赵琪凤

第三章:龚君冉

第四章:黄霆玮

第五章:郭树军

第六章:陈宏

第七章:张凯

第八章:韩阳

张凯负责全书的调整、修改和润色,本书中如有错误,由张凯负全责。

张　凯

2013 年 2 月